# RAPPORT

DE

# M. LE COMTE DE NIEUWERKERKE

SURINTENDANT DES BEAUX-ARTS, MEMBRE DE L'INSTITUT

SUR

LES TRAVAUX DE REMANIEMENT ET D'ACCROISSEMENT

RÉALISÉS DEPUIS 1849

DANS

## LES MUSÉES IMPÉRIAUX

SUIVI D'UN RELEVÉ SOMMAIRE DES OBJETS D'ART ENTRÉS DANS LES COLLECTIONS DE 1849 A 1863

PARIS

LIBRAIRIE ACADÉMIQUE

DIDIER ET C$^{ie}$, LIBRAIRES-ÉDITEURS

35, QUAI DES GRANDS-AUGUSTINS, 35

1863

Paris. — Typ. E. PANCKOUCKE ET Cie, quai Voltaire, 13.

# RAPPORT

DE

# M. LE COMTE DE NIEUWERKERKE

# RAPPORT

DE

# M. LE COMTE DE NIEUWERKERKE

SURINTENDANT DES BEAUX-ARTS, MEMBRE DE L'INSTITUT

SUR

LES TRAVAUX DE REMANIEMENT ET D'ACCROISSEMENT

RÉALISÉS DEPUIS 1849

DANS

## LES MUSÉES IMPÉRIAUX

SUIVI D'UN RELEVÉ SOMMAIRE DES OBJETS D'ART ENTRÉS DANS LES COLLECTIONS
DE 1849 A 1863

PARIS
LIBRAIRIE ACADÉMIQUE
DIDIER ET Cie, LIBRAIRES-ÉDITEURS
35, QUAI DES GRANDS-AUGUSTINS, 35
1863

# RAPPORT

DE

# M. LE COMTE DE NIEUWERKERKE

SURINTENDANT DES BEAUX-ARTS, MEMBRE DE L'INSTITUT

## A S. EXC. LE MINISTRE

DE LA MAISON DE L'EMPEREUR ET DES BEAUX-ARTS

---

MONSIEUR LE MINISTRE,

L'achèvement du Louvre et sa réunion au palais des Tuileries ont nécessité dans l'intérieur du Musée de longs travaux qui touchent à leur terme.

Cette entreprise gigantesque, devant laquelle avaient reculé tant de souverains, fera du Louvre, incontestablement, la plus vaste, la plus belle galerie de l'Europe. Avant peu de mois, il me sera possible de montrer à S. M. l'Empereur un des joyaux les plus précieux de la France, nos collections d'objets d'art classées d'une manière définitive et considérablement enrichies sous son règne.

Je viens vous présenter aujourd'hui, monsieur le ministre, le tableau de ces richesses, et je crois devoir choisir pour le faire le moment où le public va être appelé à les contempler dans leur magnifique ensemble.

Sous les gouvernements qui ont précédé celui de Sa Majesté, il existait bien des lacunes dans les collections du Louvre, et leur organisation intérieure laissait beaucoup à désirer. Les conservateurs n'avaient même pas un cabinet au Musée. Les inventaires étaient entre les mains d'employés secondaires et ne contenaient aucune description exacte, aucun détail propre à caractériser chacun des objets exposés, très-peu d'observations scientifiques ou historiques. Les notices livrées au public (à l'exception de celles de MM. Champollion et de Clarac) étaient rédigées par ces mêmes employés et généralement fort défectueuses au point de vue descriptif et critique. La classification des œuvres d'art dans les galeries était faite sans aucune espèce de méthode; enfin ces galeries elles-mêmes n'étaient accessibles au public qu'à certains jours. Les artistes se trouvaient privés de l'étude des plus grands maîtres pendant une partie de l'année, par suite des constructions provisoires que nécessitaient les expositions annuelles. Celles-ci avaient lieu, en effet, dans les salles du Louvre, et tous les ans les chefs-d'œuvre des anciennes écoles disparaissaient derrière les échafaudages destinés à recevoir les œuvres modernes.

Ces inconvénients n'existent plus. Les expositions ont lieu aujourd'hui dans un local indépendant; les conservateurs travaillent quotidiennement au Louvre, et leurs efforts ont fait complétement disparaître les vices d'organisation que je viens de signaler à Votre Excellence. Enfin, le public est admis tous les jours à visiter librement ce vaste ensemble de richesses artistiques. Cette facilité d'accès donnée à la population parisienne, aux nombreux visiteurs venus des divers points de la France et de l'étranger, et qui en profitent avec un empressement toujours croissant, est une des mesures que je me félicite le plus d'avoir prises, parce qu'elle est de nature à répandre dans toutes les classes de la société le goût du bien par la contemplation du beau.

Pour vous faire juger, monsieur le ministre, l'importance des accroissements dont le Louvre a été l'objet sous mon administration, de 1850 à 1863, je dois prendre un point de départ précis. Je vais donc passer en revue les diverses collections, en faisant précéder l'analyse de la situation actuelle pour chacune d'elles, des termes mêmes de l'exposé de situation que j'adressais à M. le ministre de l'intérieur, le 8 janvier 1851, c'est-à-dire un an après ma nomination au poste qui m'a été confié.

Les collections du Louvre sont divisées en plusieurs départements.

### I. — DÉPARTEMENT DES ANTIQUITÉS ÉGYPTIENNES.

« Composé de 340 monuments de grande dimension, contenus dans la grande galerie du rez-de-chaussée du Louvre ; de deux salles où sont placées, en nombre considérable, des sculptures moins importantes, comme volume, mais non comme intérêt historique ; de quatre salles de l'ancienne galerie du musée Charles X, renfermant les matières précieuses ; et enfin, au deuxième étage, du cabinet du conservateur, où sont déposés tous les papyrus dont la grande surface ne permet pas l'exposition, et d'un magasin contenant une quantité considérable de beaux sarcophages de bois peint que le manque de place ne permet pas non plus d'exposer. » (Résumé de la situation en 1850.)

Aujourd'hui la plupart de ces objets ont pu être rendus à l'étude.

Les monuments, pièces et objets d'antiquité égyptienne de toute nature, entrés au Louvre depuis l'avénement de S. M. l'Empereur Napoléon III jusqu'au 16 février 1857, sont au nombre de 8,695. De ce nombre, 290 proviennent de dons faits à l'Etat ; 2,441 d'acquisitions ; 5,964 de fouilles opérées en Egypte par M. Mariette, à la suite de la mission que le Gouvernement lui avait confiée. Il faut ajouter 243 objets donnés au Musée, depuis le 16 février 1857 jusqu'au 28 avril 1863, et 612 objets acquis entre ces deux dates. Ce qui donne un total absolu de 9,550 objets nouvellement entrés dans le musée égyptien.

Parmi les dons, je mentionnerai spécialement ceux de S. A. I. le Prince Napoléon : un bas-relief représentant le roi Séti Ier distribuant des récompenses à un grand fonctionnaire, et une inscription historique ; — de M. le duc d'Albert de Luynes : un rituel funéraire hiératique d'ancien style sur papyrus ; — de feu Saïd-Pacha, vice-roi d'Egypte : l'épitaphe officielle de l'Apis mort sous le règne de Ptolémée Philométor Ier ; — enfin ceux du prince Tyskiewicz : une collection de plus de 100 objets, tels que figurines de bronze incrusté d'or, bagues, amulettes en pierre dure, cornaline camée et intaille des plus anciens temps, etc.

Parmi les acquisitions, la grande collection Clot-Bey renferme à elle seule 2,454 objets de toute nature : beaux sarcophages, tables à libation, statuettes, meubles, armes, bijoux, papyrus funéraires des plus beaux styles, registre de comptes hiératique, contrats de vente des plus anciennes époques de l'écriture démotique, etc. La collection de M. d'Anastasi a également fourni au Musée un grand nombre d'objets intéressants : stèles et inscriptions, sculptures et scarabées, amulettes, parures, vases, papyrus, etc.

Quant à la série nombreuse et si complète des monuments provenant des fouilles de M. Mariette au Serapeum de Memphis, il suffit de rappeler, pour en indiquer la valeur en peu de mots, qu'elle offre une suite de stèles et inscriptions historiques, commençant à la XVIII^e dynastie et se continuant jusqu'à l'époque de la domination romaine. Elle contient des documents très-importants pour la chronologie et des spécimens aussi nombreux que variés de tous les styles qu'affecta l'art égyptien pendant cette longue periode des quinze siècles qui précédèrent notre ère. On y remarque aussi de magnifiques échantillons de la sculpture peinte des premières époques, contemporaine de la construction des grandes pyramides de Memphis; des sphinx, des lions en ronde bosse, des figurines, statuettes et objets divers de tous les temps de l'antiquité, d'admirables bijoux portant les noms de Ramsès II, le grand conquérant de la XIX^e dynastie, et d'autres personnages de son époque; des inscriptions phéniciennes, quelques fragments de papyrus grecs, etc.

Les catalogues du musée égyptien, ouvrages remarquables de M. de Rougé, comptent aujourd'hui parmi les livres indispensables aux savants.

## II. — DÉPARTEMENT DES ANTIQUES ET DE LA SCULPTURE MODERNE.

### *Collection d'antiquités assyriennes, grecques et romaines.*

« Composée de vingt-deux salles de sculpture au rez-de-chaussée et de six salles de l'ancienne galerie Charles X, contenant les vases, bronzes, terres cuites, bijoux et autres petits monuments. La première catégorie compte 3,000 objets et la seconde à peu près le même nombre, auquel il faut ajouter 500 inscriptions. » (Résumé de la situation en 1850.)

Cette collection est l'une de celles qui ont reçu le plus d'accroissements, soit par acquisitions de pièces isolées et de séries faites à différentes époques sur les fonds destinés à cet usage, soit par l'entrée au Louvre du musée Napoléon III, formé des collections Campana, et des objets d'archéologie et d'art antique trouvés dans les missions dirigées en Asie Mineure par les ordres de Sa Majesté.

Aussi notre collection de bronzes est-elle devenue si importante qu'il a fallu lui consacrer une salle spéciale au premier étage, pavillon de l'Horloge.

D'autre part, les spécimens de céramique antique, les terres cuites, les bijoux vont prendre place dans les galeries du bord de l'eau où ont été longtemps les peintures de l'école française. Tous ces objets précieux trouveront là un emplacement approprié à leur haute valeur et digne du Souverain dont cette belle collection porte le nom.

A ce département se trouvent jointes trois autres collections qui relèvent de la même conservation :

1° *Les sculptures du moyen âge, de la renaissance et des temps modernes ;*

2° *Les antiquités américaines ;*

3° *Les antiquités scandinaves et gallo-romaines* réunies à Saint-Germain.

La collection de sculptures du moyen âge, de la renaissance et des temps modernes (composée en 1850 de cinq salles de l'ancien musée d'Angoulême) contient aujourd'hui environ 400 sculptures qui sont soigneusement décrites dans le catalogue rédigé par M. Henri Barbet de Jouy.

La collection américaine est spécialement formée des monuments antiques du Mexique et du Pérou que j'ai pu acquérir ou qui proviennent de dons faits à ce musée de création tout à fait nouvelle.

(Je consacre un paragraphe spécial aux antiquités scandinaves et gallo-romaines dans le chapitre de ce rapport intitulé : Musées du Luxembourg, de Versailles et de Saint-Germain.)

Le département des antiques et de la sculpture moderne a reçu, depuis 1850, environ 3,000 objets d'art. Parmi les pièces importantes entrées dans notre grande collection nationale il convient de citer :

Au nombre des antiquités assyriennes et babyloniennes : les sculptures colossales et les bas-reliefs découverts à Khorsabad, à Nemrod et à Ninive; les plaques d'or, d'argent, de bronze, portant en caractères cunéiformes la mention de la fondation du palais de Khorsabad; plusieurs séries de cylindres en pierres gravées; deux coupes d'argent doré trouvées à Cittium, dont l'une a été donnée par M. de Saulcy; la tablette du roi babylonien Ammourabi; deux cylindres de terre cuite portant les chroniques du roi Sargon, etc.

Parmi les antiquités phéniciennes : le célèbre sarcophage du roi de Sidon Eschmounazar, offrant le plus grand texte phénicien connu, monument donné par M. le duc de Luynes; divers tombeaux de marbre blanc sculpté, des figurines de terre cuite, des pierres gravées. Tous ces monuments sont décrits à la suite de la notice des antiquités assyriennes dont M. de Longpérier a publié trois éditions.

Au nombre des marbres sculptés : des bas-reliefs grecs rapportés de Cyzique par M. Waddington, un buste de faune trouvé à Arles, un buste de Sénèque trouvé à Auch, un groupe provenant du cabinet de M. Louis Fould, divers bustes de personnages romains, plusieurs belles statues trouvées en Cyrénaïque.

Une grande collection de figurines de terre cuite provenant de la même contrée; le beau vase de Canosa chargé de figures en relief, donné par M. le vicomte de Janzé.

De très-beaux vases peints, parmi lesquels il faut citer en première ligne les trois grandes amphores portant des noms d'archontes athéniens, les poteries et les vases recueillis dans l'antique ville de Camirus, dans l'île de Rhodes.

Des inscriptions grecques et latines.

Plusieurs collections de bronzes antiques provenant d'Égypte, de Syrie, de Toscane; la grande statue d'Apollon trouvée à Lillebonne; la figure de la Fortune trouvée à Saint-Puits; les vases et figures d'argent du trésor de Brissac; le casque d'or d'Anfreville, etc.; les sceaux de Ptolémée V Epiphane.

Au nombre des antiquités de la Gaule : des haches de pierre trouvées dans le dépôt meuble de Saint-Acheul; des armes de silex et de bronze provenant de Normandie; la grande arme de grès vert trouvée dans la forêt de Senart; des vases et des figurines envoyés d'un grand nombre de localités par M. l'abbé Cochet, MM. Menault, Tudot, Pline, Beaune, de la Saussaye, Auvray, Jomard, etc.

En fait d'antiquités américaines, plusieurs collections de sculptures et de vases, acquises de diverses personnes ou données par MM. Angrand de Colleville, et recueillies au Pérou, dans la Nouvelle-Grenade et au Mexique. Le catalogue des antiquités américaines rédigé par M. de Longpérier a déjà eu deux éditions.

Au nombre des sculptures du moyen âge et de la renaissance : une belle statue de la Vierge, ouvrage du 14e siècle; un précieux bas-relief de Mino da Fiesole donné par M. de Lassalle, quatre bas-reliefs de Jean Goujon représentant les évangélistes, deux bas-reliefs donnés par M. de Caraman, trois statues de Germain Pilon, les figures de Légier Richer, des bustes donnés par MM. Lajoye et Maystre, etc.

La sculpture moderne s'est accrue de toutes les statues et de tous les bustes acquis par la Maison de l'Empereur pour les musées de Versailles et du Luxembourg.

Il est à peine nécessaire de faire remarquer que l'ensemble de ces objets offre un grand intérêt pour les archéologues, et pour tous ceux qui s'occupent de l'histoire de l'art depuis les temps les plus reculés.

Je rappellerai enfin que l'atelier du Musée pourvoit à l'entretien et à la restauration des statues, vases, etc., qui décorent en grand nombre les résidences impériales et leurs jardins.

### III. — DÉPARTEMENT DES OBJETS D'ART DU MOYEN AGE ET DE LA RENAISSANCE.

« Composé de sept salles dans la partie du Louvre qui donne sur les jardins de l'Infante, et de deux autres salles situées au premier étage, consacrées aux bijoux, aux émaux, aux faïences italiennes et françaises, aux ivoires, aux bois sculptés et autres monuments du moyen âge et de la renaissance. » (Résumé de la situation en 1850.)

Cette section de notre Musée est peut-être celle qui s'est le plus enrichie depuis l'époque où j'adressais ce résumé à M. le ministre de l'intérieur.

Par décret du 15 février 1852, Sa Majesté, alors Président de la République, créait un musée spécial destiné à recevoir les objets ayant appartenu d'une manière authentique aux souverains qui ont régné sur la France. Le directeur général des musées était autorisé à rechercher tous les objets de cette nature et à les faire retirer des divers musées, bibliothèques, garde-meubles et autres établissements appartenant à l'Etat, pour les réunir au musée du Louvre, dans les salles qui devaient être spécialement affectées à cette collection. Peu de mois après, le public se pressait en foule dans les salles du premier étage, dites de la Colonnade, qui avaient été appropriées à leur nouvelle destination. Il y contemplait avec respect, entre maints souvenirs historiques précieux, les armes de Childéric, le fauteuil de Dagobert, l'épée de Charlemagne, les bijoux de plusieurs rois ses successeurs, entre autres la bague de saint Louis, l'épée de François Ier à Pavie, celle d'Henri II, d'Henri IV, l'arbalète de Catherine de Médicis, les tentures de la chapelle du Saint-Esprit d'Henri III, toute la suite des armures de nos rois depuis François Ier jusqu'à Louis XIV, la table sur laquelle Louis XVIII écrivit la Charte, les décorations du sacre de Charles X, etc.

Il faut encore ajouter à ces trésors les **Heures** de Charlemagne, la Bible et le livre de prières de Charles le Chauve, le bréviaire et le psautier de saint Louis, la Bible de Charles V, les Heures d'Anne de Bretagne, splendide manuscrit composé de 239 feuillets en vélin et de 63 grandes miniatures (ce manuscrit a été publié en fac-simile); les Heures d'Henri II, de Marie Stuart, d'Henri IV et de Louis XIV; le magnifique coffret en or repoussé et ciselé ayant appartenu à la reine Anne d'Autriche; le miroir et le bougeoir donnés à la reine Marie de Médicis par la république de Venise; enfin la salle de l'Empereur Napoléon I$^{er}$ tout entière, précieux reliquaire de la dynastie, depuis le livre de mathématiques du lieutenant d'artillerie jusqu'au mouchoir qui a essuyé le front de l'Empereur mourant.

Je viens de faire classer par ordre chronologique ce musée des Souverains, qui n'a cessé depuis le jour où il fut ouvert d'être visité par une foule attentive et recueillie, empressée à venir consulter ces illustres restes du passé. C'est là qu'un nombreux public vient étudier dans ses monuments caractéristiques l'histoire de la France d'autrefois : étude aussi féconde en leçons de moralité qu'en leçons de goût.

Le musée du moyen âge et de la renaissance proprement dit s'est, en outre, augmenté non-seulement de nombreux objets acquis sur les fonds spéciaux, mais encore de l'importante collection de M. Sauvageot, qui en a fait généreusement don au Musée. La collection Sauvageot contenait environ quinze cents ouvrages d'art de toutes espèces : armes, bois sculptés, bronzes, cires, objets divers en fer, en cuivre, en plomb et en étain ; émaux, faïences italiennes, françaises et étrangères ; grès, marbres, ivoires, médailles, nacres, instruments de musique, bijoux, orfévrerie, peintures, dessins, gravures, terres cuites, verres de Venise, verrerie allemande, vitraux, etc.

Du vivant du donateur, la collection Sauvageot, dont le catalogue fut rédigé par M. Sauzay, fut installée dans quelques salles du second étage au Louvre. Elle est maintenant entrée dans les collections de même nature qui sont réparties entre la galerie d'Apollon et d'autres salles, dont l'une a reçu le nom de Sauvageot.

La restauration de la galerie d'Apollon a été complétement achevée ; cette galerie a été pourvue, en outre, d'un mobilier en rapport avec sa décoration magnifique. Les émaux et bijoux du Louvre ont trouvé là un véritable écrin digne de leur richesse et de leur rareté.

On peut affirmer, sans crainte d'être taxé d'exagération, qu'aucune galerie de l'Europe n'est aussi riche que la nôtre en objets d'art, tels que bijoux, émaux, faïences, etc., communément appelés *objets de curiosité*. C'est dans ces mille objets de toute forme, destinés à tous les usages ; c'est dans ces vases, ces médaillons, ces bijoux, en nombre infini, où l'art s'allie d'une manière si souple et si légère à l'industrie, que se révèle le goût d'une époque, plus encore peut-être que dans les peintures et les sculptures. L'industrie moderne peut puiser largement dans cette collection des modèles et, ce qui vaut mieux encore, des exemples pour l'art décoratif et d'ornementation. — La notice des émaux du Louvre rédigée par M. de Laborde est devenue un livre pour ainsi dire classique.

## IV. — DÉPARTEMENT DE LA PEINTURE, DES DESSINS ET DE LA CHALCOGRAPHIE.

### *Collection de peinture.*

« Composée d'environ 10,000 tableaux de toutes les écoles, répartis dans les résidences impériales et dans les musées de Versailles, du Luxembourg et du Louvre. » (Résumé de la situation en 1850.)

Les travaux d'achèvement du Louvre, la nécessité d'ouvrir de nouveaux jours dans des galeries très mal éclairées, l'installation du musée

Napoléon III, qui sera bientôt achevée, ont nécessité de nombreux remaniements dans les salles de peinture. La répartition définitive aura lieu avant la fin de l'année, et dès ce moment, monsieur le ministre, je puis vous en tracer l'ensemble.

Le salon carré de l'école française, le salon carré des écoles étrangères, la grande galerie du bord de l'eau jusqu'au pavillon Lesdiguières, la galerie dite des Sept-Mètres, ne subiront aucune modification. Je me permets d'appeler l'attention de Votre Excellence sur ces deux dernières galeries. Celle du bord de l'eau a été complétement éclairée par le haut; la lumière y arrive abondante et cependant réglée et mesurée, et l'on peut dire que cette galerie, comparée à ce qu'elle était autrefois, n'est vraiment plus reconnaissable. Quant à la galerie des Sept-Mètres, si remarquable sous le rapport de la décoration, elle est de création tout à fait nouvelle. Elle a reçu quelques-uns de nos chefs-d'œuvre des écoles d'Italie, et elle excite à juste titre l'admiration générale.

L'école française sera placée dans deux autres galeries donnant sur la place Napoléon III, depuis le pavillon Daru jusqu'au pavillon Mollien. Ces deux galeries, séparées par le grand salon du pavillon Denon, contigu à la salle des Etats, sont donc parallèles à la grande galerie du bord de l'eau ; elles se prolongeront sur une seule ligne qui touchera par une extrémité à la galerie des Sept-Mètres, et, par l'autre, à une dernière galerie en retour, également nouvelle, qui sera partagée en trois salons. Ces trois salons, qui relieront les salles de l'école française à la grande galerie du bord de l'eau, s'étendront du pavillon Mollien au pavillon Lesdiguières. Ainsi les peintures du Louvre seront placées pour la plupart dans ce vaste parallélogramme dont la moitié seulement avait été jusqu'à ce jour affectée au Musée. L'étendue de cette suite de salles sera une compensation donnée en échange des quelques travées de la grande galerie qui ont été enlevées à leur ancienne destination.

Les tableaux choisis pour le Louvre dans les collections Campana seront classés dans les salles de la Colonnade qui font suite au musée des Souverains. Le catalogue de cette partie du musée Napoléon III, rédigé par M. Frédéric Reiset, est maintenant sous presse.

Le Louvre s'est, en outre, enrichi de quatre-vingts et quelques tableaux de différentes écoles. Qu'il me suffise de citer la *Conception*, de Murillo, la célèbre *Sainte Famille*, du Pérugin, que tous les amateurs de l'Europe s'accordent à considérer comme le chef-d'œuvre du maître parmi ses tableaux de chevalet ; le *Portrait du baron de Vicq*, de Rubens ; un Hobbema de la plus grande beauté, et divers ouvrages de Memling, de Guillaume Van de Velde, de Paul Potter et de Rembrandt. L'école espagnole, qui autrefois n'était que très-imparfaitement représentée au Louvre, y figure aujourd'hui à son honneur, grâce à l'acquisition de plusieurs œuvres importantes de Zurbaran, de Herrera, de Murillo et de Velasquez.

Je n'insisterai pas sur les catalogues rédigés par M. F. Villot ; ils ont acquis justement une célébrité européenne. Ces catalogues ne contiennent que la description des tableaux exposés aux regards du public. Un inventaire général de la peinture a été également dressé sous la direction de M. Villot par M. Eugène Daudet, conservateur adjoint.

J'ajouterai un dernier mot sur le musée de peinture. Le classement des tableaux par ordre chronologique, commencé sous la direction de M. Jeanron, a été trop souvent interrompu par les nécessités de la construction pendant la période de temps qui vient de s'écouler ; mais dans un avenir prochain nous arriverons à donner un caractère définitif à cette installation.

### *Collection des dessins.*

« Composée de 35,000 dessins environ de toutes les écoles et de toutes les époques. » (Résumé de la situation en 1850.)

La collection des dessins s'est augmentée de 1,150 pièces environ. C'est là, sans doute, un accroissement important ; cependant je dois dire qu'il a été fait dans l'intérêt de cette collection un travail qui me paraît plus important encore : je veux parler de l'inventaire général de ces 36,000 dessins. Chacun d'eux a été inventorié, décrit, classé et numéroté. Ce travail considérable, dû à M. F. Reiset, est terminé depuis trois ans déjà. Son étendue est le seul obstacle qui m'ait empêché de le faire imprimer. Il représente la matière de bien des volumes in-octavo. Mais un résumé de cet inventaire sera prochainement rendu public, et l'on pourra, à l'aide de ce résumé, connaître l'état exact de nos richesses en dessins, et consulter, lorsqu'il y aura lieu, l'inventaire descriptif manuscrit, qui reste dans le cabinet du conservateur.

A ce sujet, je rappellerai que si l'impression de certains catalogues a été retardée jusqu'à ce jour, c'est qu'un travail de cette importance ne s'improvise pas, et que, les collections s'accroissant d'une manière incessante, les efforts de l'administration ont dû se porter d'abord sur les remaniements d'inventaire que nécessite l'entrée de tant de richesses nouvelles. Mais ce travail général se poursuit aussi activement que possible dans les diverses conservations, et avant peu nous aurons le catalogue complet de toutes les œuvres d'art du Louvre.

Le musée des dessins a été l'objet d'autres travaux de conservation devenus nécessaires et trop longtemps négligés : chaque dessin exposé dans les galeries a été décollé et remonté uniformément, suivant un modèle qui varie en raison de l'effet particulier à chaque maître ou à chaque ouvrage, sans rien enlever à l'unité qui convient à une grande collection. Il n'y a eu d'exception que dans les cas rares où les anciennes montures n'avaient pas été détruites, et méritaient d'ailleurs par une considération spéciale d'être conservées. J'ai fait inscrire sur chaque monture le nom de l'auteur du dessin lorsque ce nom était connu, ou à défaut du nom les indications d'époque ou d'école qu'il avait été possible de recueillir. Les encadrements ont été faits de manière à laisser à chaque dessin toute sa valeur en épargnant la monture et en permettant d'opérer, sans nuire à l'ensemble, tous les changements désirables. Ce travail se continue également pour tous les dessins qui ne sont pas exposés.

Les dessins ont été classés dans les salles, autant que possible, par ordre chronologique. On a retiré de l'exposition ceux que la lumière menaçait d'anéantir ; cette mesure nous permettra de conserver ce qui reste encore d'un grand nombre d'ouvrages de ce genre, soit lavés ou exécutés à la plume, qui depuis plus de vingt ans se trouvaient en pleine lumière ou même en plein soleil. Quelques-uns des plus précieux sont maintenant placés dans des boîtes hermétiquement fermées, que l'on ouvre seulement un jour par semaine et pendant deux heures. Elles contiennent d'inestimables dessins de Raphaël, Léonard, Pérugin, Michel-Ange, Titien, Albert Dürer, Jules Romain, Claude Lorrain, etc., dessins qui proviennent de l'ancienne collection ou d'acquisitions récentes. De cette façon tout danger de destruction a disparu. Les dessins se conservent et néanmoins le public peut en jouir sans difficulté. — Car ma première pensée sera toujours de concilier ces deux termes du problème d'une bonne direction : prendre le plus grand soin des ouvrages d'art, et faire aux amateurs, aux artistes, au grand public désireux de s'instruire, la part la plus large qu'il soit permis de leur faire sans péril pour les œuvres, objet de leur admiration et de leurs études.

*Service de la chalcographie.*

« Composée de 99 volumes de gravures dont les planches de cuivre ou d'acier sont la propriété de la Direction générale des Musées. » (Résumé de la situation en 1850.)

Les salles qui s'étendent depuis la salle des pastels jusqu'à l'extrémité de l'aile du Nord avaient été affectées à l'exposition d'un choix de six à sept cents estampes prises dans le fonds de la chalcographie. Cette exposition, organisée dans le courant de 1851, n'a pas peu contribué à faire connaître au public notre précieuse et immense collection de planches gravées qui a été complétement réorganisée sous mon administration. Pour faire place aux tableaux de l'école française, dont l'installation définitive est très-prochaine, ces estampes ont cessé d'être exposées. Mais par suite de la réorganisation que je signale, de l'installation du service de la chalcographie au rez-de-chaussée du Louvre, de la distribution libérale du catalogue, des commandes faites par Sa Majesté, cet établissement a atteint un degré de prospérité inconnu jusqu'à ce jour. Il suffira de dire qu'en 1847, par exemple, le le chiffre de vente des estampes n'atteignait pas la somme de 1,000 francs; qu'en 1848 il tomba à 624 francs; depuis il s'est élevé successivement : en 1849, à 1,024 francs ; en 1850, première année de mon administration, à 3,000 francs; en 1851, à 4,722 francs; en 1852, à 7,354 francs; en 1853, à 15,341 francs, et depuis cette époque il s'est maintenu à cette hauteur.

Des commandes ont été faites aux artistes pour une somme de 300,000 francs. Lorsque ces planches seront entrées dans le fonds de la chalcographie, elles formeront avec celles qui ont été acquises depuis 1850 un total de sept cents planches qui viendra s'ajouter à l'ancien fonds, dont le catalogue se trouve ainsi porté à 4,609 numéros. On peut dire que de tels encouragements ont été rarement accordés à cet art spécial et dans d'aussi fortes proportions.

### V. — MUSÉE NAVAL.

« Le musée naval réunit aux modèles de nos vaisseaux, tant anciens que modernes, les plans en relief de nos ports les plus importants, et les modèles des machines, des instruments et de tous les ornements de notre marine. » (Résumé de la situation en 1850.)

Il faut ajouter à ce musée le musée ethnographique dans lequel j'ai recueilli des productions artistiques et industrielles de tous les pays. Cette collection s'est augmentée en peu d'années des nombreux objets chinois rapportés par M. de Montigny, et des dons nombreux des voyageurs qui se plaisent à déposer dans notre collection un souvenir de leurs lointaines explorations.

## VI. — PLATRES MOULÉS.

Préoccupé du désir de développer le goût des arts dans nos villes manufacturières et de contribuer à la création d'écoles de dessin en plus grand nombre sur la surface de l'Empire, j'ai complétement réorganisé l'atelier des plâtres moulés, et je crois l'avoir fait de manière à lui donner une plus grande activité, également favorable aux intérêts de l'administration et aux intérêts de l'art.

Le prix élevé des modèles avait été longtemps un obstacle à leur acquisition par les bibliothèques et les écoles de dessin, dont les ressources sont souvent très-limitées. Sur ma proposition, M. le ministre de l'intérieur a accordé en 1850 à tous les établissements publics la facilité de se procurer au musée du Louvre de beaux modèles à un prix modéré. Cette modicité du prix de vente des plâtres moulés et des estampes a trouvé dans le public un accueil dont l'empressement se traduit par une plus grande diffusion du goût dans les divers centres de population où l'on use largement de cette libéralité de l'administration.

---

## Musées du Luxembourg, de Versailles et de Saint-Germain.

Les musées du Luxembourg, de Versailles et de Saint-Germain sont des dépendances directes des divers départements du musée du Louvre.

### *Musée du Luxembourg.*

Le musée du Luxembourg doit être considéré comme un lieu de passage pour les œuvres modernes, qui vont, après un stage plus ou moins long, prendre place, soit dans les musées de province, soit dans les résidences impériales, soit dans les musées de Versailles ou du Louvre. Il a reçu depuis treize ans la meilleure partie des statues et tableaux achetés à la suite des expositions. C'est ainsi qu'auprès des anciens noms de l'école française contemporaine, auprès des œuvres de MM. Ingres, Delacroix, Delaroche, Ary Scheffer, etc., figurent les œuvres de MM. Flandrin, Hébert, Bouguereau, Barrias, Baudry, Benouville, Français, Rosa Bonheur, etc. Le Luxembourg a aussi reçu la suite intéressante des portraits au crayon des membres des diverses classes de l'Institut, exécutés par M. Heim.

## *Musée de Versailles.*

Depuis 1850, le musée de Versailles a vu ses collections historiques continuées et complétées par les acquisitions et les commandes de l'Empereur, du ministère d'Etat et par des dons particuliers.

Les séries de peintures et de sculptures relatives aux époques anciennes se sont augmentées d'un grand nombre d'objets d'art, parmi lesquels je citerai seulement : la Jeanne d'Arc de M. Ingres, le tombeau de Diane de Poitiers, le portrait du chancelier de Bellièvre, un rare et précieux spécimen de la sculpture en cire sous Louis XIV, représentant le médaillon de ce prince, exécuté d'après nature ; les statues et bustes en marbre de la famille de l'Empereur Napoléon Ier. Beaucoup de portraits, de statues et de bustes représentant des personnages des 17e et 18e siècles, d'autres encore appartenant aux époques de l'Empire et de la Restauration, viennent remplir des lacunes qui disparaissent de jour en jour dans cette immense collection ouverte aux souvenirs glorieux de notre histoire.

La série relative aux faits et aux personnages contemporains, depuis le retour du Prince Président à Paris en 1852 jusqu'à la rentrée des troupes de l'armée d'Italie en 1859, occupe trois grandes salles dans lesquelles sont réunies les œuvres dues à MM. Pils, Yvon, Barrias, Bellangé, Edouard Dubufe, Protais, Durand-Brager, etc., ainsi que les portraits et les bustes des maréchaux de France le plus récemment nommés, et enfin les bustes des généraux morts au champ d'honneur dans les campagnes de Crimée et d'Italie.

Le nombre total des objets d'art envoyés depuis treize ans à Versailles est d'environ 350 : 90 ont été placés dans les salles du rez-de chaussée, 210 au premier étage (dans ce nombre se trouve comprise l'intéressante série des dessins représentant les costumes modernes de l'armée française) et 50 au deuxième étage.

Dans les salles des croisades, je continue à faire inscrire les écussons et les noms des familles dont les ancêtres remontent jusqu'à cette époque. Les titres qui prouvent les droits des familles à figurer dans ces salles sont soumis à l'examen si éclairé et si consciencieux de M. Léon Lacabane.

Toutes les sculptures placées dans les cours et dans les jardins de Versailles ont été, sous ma direction, restaurées et remises en parfait état, à l'époque où l'exposition universelle de 1855 attirait à Versailles un grand nombre d'étrangers. Les conditions particulières dans lesquelles se trouvent ces marbres, presque tous d'une exécution très-remarquable, rendront nécessaire, d'ici à un ou deux ans, un nouveau nettoyage général des statues du parc.

Dans deux éditions successives de la notice du musée impérial de Versailles, qui comprend la description de 172 salles, de 4,940 objets numérotés, et, en outre, la description des plafonds, des jardins et des sculptures extérieures, M. Eud. Soulié, conservateur adjoint chargé du service de ce musée, a dressé de cette immense collection un inventaire détaillé, exact et complet, travail qui avant 1850 n'avait jamais été livré dans son ensemble au public.

*Musée de Saint-Germain.*

Par décret de S. M. l'Empereur en date du

8 mars 1862, il a été fondé à Saint-Germain un musée d'antiquités gallo-romaines, dépendant du département des antiques.

L'intention de Sa Majesté en décidant la création de ce musée a été de réunir les pièces justificatives pour ainsi dire de notre histoire nationale.

Parmi les monuments qui donneront au musée de Saint-Germain une valeur historique et artistique toute particulière, je citerai dès aujourd'hui :

Deux collections déjà considérables d'armes et d'instruments domestiques en pierre et en bronze. A côté de ces objets trouvés en France, on remarquera la belle série d'objets analogues donnés récemment à l'Empereur par S. M. le roi de Danemark, et qui offriront un point de comparaison des plus curieux, étant rapprochés des monuments gallo-romains ;

La collection de M. Boucher de Perthes ;

Le résultat des fouilles nombreuses opérées sur tous les points de la vieille Gaule à différentes époques : armes, bijoux, sceaux, monnaies et médailles formant une collection numismatique gallo-romaine, vases en verre, statuettes de pierre et de bronze, poteries, briques, tuiles, spécimens de mortier peint ou à relief pour la décoration intérieure des habitations ; divers noms gallo-romains de fabricants de poterie qui étaient souvent de véritables artistes, monuments sépigraphiques, stèles, inscriptions funéraires, une magnifique mosaïque provenant des ruines de l'ancien *Augustodunum*.

Enfin on a commencé l'exécution d'une suite de moulages destinés à représenter l'ensemble des monuments de divers âges intéressants au double point de vue de l'art et de l'histoire et dispersés sur le territoire de l'Empire.

En ce moment, je m'occupe de faire déposer au musée de Saint-Germain les objets gallo-romains de toute nature qui existaient au Louvre; ils viendront s'ajouter aux premières richesses de ce musée qui, indépendamment des dons faits par l'Empereur et le roi de Danemark, sont dues à MM. Boucher de Perthes, Duquenelle, Forgeais, Bizet, Galibert, J. Théry, de Curlen, Regnard, Le Metayer-Masselin, Béraud-Dupaty, de Saulcy, André Doutre, Beaune, Guegan, J. Caron, Rossignol, conservateur adjoint chargé du service de ce musée, enfin à M. le préfet du Morbihan, à M. le vicaire de Questembert et à M$^{me}$ la comtesse de Guéhéneuc.

Le musée d'antiquités gallo-romaines n'est encore qu'en voie de formation. On installe provisoirement les collections dans la grande galerie des Fêtes au château de Saint-Germain. Il ne sera possible de s'occuper de l'aménagement définitif que lorsque les travaux extérieurs seront terminés. Dans cette organisation, on aura soin de désigner en même temps que l'objet le lieu de sa provenance, de manière à augmenter l'intérêt de ces collections déjà si précieuses.

---

Je résumerai en quelques lignes l'œuvre de ces douze années :

Ouverture de salles nouvelles en très-grand nombre, nécessitée par l'augmentation constante de nos trésors d'art;

Classement méthodique des peintures et des dessins dans les galeries du Louvre, qui sont toutes maintenant largement éclairées;

Réorganisation de la chalcographie et des plâtres moulés;

Rédaction de catalogues et d'inventaires descriptifs et critiques, accueillis avec une faveur croissante par le public, admis enfin à contempler en toute liberté, et chaque jour, les ouvrages des maîtres de tous les temps;

Fondation du musée des Souverains, du musée américain, du musée ethnographique, du musée Napoléon III et du musée de Saint-Germain.

Tels sont les importants travaux de remaniement et d'accroissement qui ont été réalisés au Louvre depuis le mois de janvier 1850.

Je dois ici rendre justice au zèle de MM. les conservateurs qui m'ont puissamment aidé de leur concours savant et dévoué.

L'exposé qui précède suffit à peine à donner une idée de l'imposant ensemble des musées impériaux, qui, depuis 1850, se sont augmentés d'environ vingt mille objets d'art, sans tenir compte des collections dont se compose le musée Napoléon III. Ce grand nombre d'œuvres précieuses à divers titres, qui sont venues s'ajouter aux richesses de la dotation de la Couronne, formeraient à elles seules, je ne crains pas de l'affirmer, une collection des plus magnifiques.

Je m'estimerai heureux, monsieur le ministre, si, dans cette suite d'efforts que j'ai faits pour maintenir notre Musée à un rang qui fût digne de la France et de son glorieux Souverain, j'ai mérité et obtenu l'approbation de Votre Excellence.

Veuillez agréer, monsieur le ministre, l'hommage de mon respect.

*Le surintendant des Beaux-Arts, membre de l'Institut.*

C$^{te}$ DE NIEUWERKERKE.

RELEVÉ SOMMAIRE DES OBJETS D'ART ENTRÉS DEPUIS 1850

DANS LES MUSÉES IMPÉRIAUX

# DÉPARTEMENT

DES

# ANTIQUITÉS ÉGYPTIENNES

## DONS

**S. A. I. le Prince Napoléon** : Un bas-relief représentant le roi Séti Ier distribuant des récompenses à un grand fonctionnaire (XIXe dynastie), et une inscription historique de la XXIIe dynastie;

**M. d'Albert, duc de Luynes** : Un rituel funéraire hiératique d'ancien style, sur papyrus, orné de figures peintes;

**Feu Saïd-Pacha**, vice-roi d'Egypte : L'épitaphe officielle du bœuf Apis, mort sous le règne de Ptolémée Philométor Ier, un petit bas-relief représentant la barque funéraire du bœuf Apis, et une petite inscription grecque;

**Comte Tyszkiewicz** : Cent une statuettes et figurines de bronze et autres matières, représentant des divinités, des rois, des personnages et des animaux sacrés, le tout du plus beau travail; — dix-sept scarabées, quatorze amulettes, plusieurs bagues et environ cinquante objets divers, tels que meubles, instruments, etc. On remarque dans cette collection les deux plus anciennes et en même temps les plus précieuses pierres gravées que possède le musée égyptien.

**M. Louis Batissier**, ancien consul de France à Suez : Un papyrus portant un fragment d'Homère en grec (XVIIIe chant de l'*Iliade*); une collection de manuscrits funéraires de basse époque, sur papyrus; trente-deux vases, amulettes, pièces d'ajustement, stèles, et plusieurs autres objets intéressants;

**S. S. le pape Pie IX** : Le moulage de la statuette Naophore du Vatican;

**M. de Saulcy**, membre de l'Institut, sénateur : Un scarabée et deux figurines funéraires, ainsi que plusieurs autres objets;

**M. le comte Sinetty** : Un scarabée portant une représentation des plus rares;

**M. Varin-Bey** : Un papyrus démotique;

**Mme Espinassy-Bey** : Soixante-neuf statuettes, figurines et amulettes, et trente-cinq scarabées;

**M. le comte de Viel-Castel** : Deux amulettes de terre émaillée;

**M. Pourtalès** : Une stèle en pierre calcaire dédiée par un grand prêtre d'Osiris;

**M. le vicomte Emmanuel de Rougé** : Deux figurines, cinq amulettes et trois autres objets;

**Le Dr Clot-Bey** : Quatre éperviers en bronze, une amulette gnostique en hématite, finement gravée; une empreinte antique ayant servi de cachet, et plusieurs autres objets;

**M. John B. Greene** : Un morceau de toile antique, portant le nom d'un prince appelé Ramsès, les empreintes en pâte de carton des lignes verticales du calendrier de Médinet-Abou, etc.;

**Feu M. Louis Fould**: Quatre scarabées intéressants;

**M. Auguste Mariette-Bey** : Une statuette de bronze incrustée d'or, une bague en terre émaillée, deux papyrus démotiques, neuf fragments de papyrus grecs, sur l'un desquels on lit les restes d'un poëme lyrique en dialecte dorien; une médaille ou monnaie de plomb portant l'image du bœuf Apis, découverte au serapeum de Memphis, etc.;

**M. Th. Devéria** : Trois poids égyptiens en pierre,

un petit panier antique provenant de Thèbes, un moulage en plâtre d'une statuette de scribe;

**Le prince Zagiell** : Un manuscrit hiératique, composé de six colonnes d'écriture;

**M. Salzmann** : Sept scarabées et deux amulettes découverts à Camiros (île de Rhodes).

Quelques objets enfin, de moindre importance, ont été donnés au musée égyptien par Mme L. de Prudhomme.

---

## ACQUISITIONS

**1851.** — Treize fragments de toile couverts d'écriture hiératique, cinq figurines de bronze représentant deux divinités et des animaux sacrés, trois appliques en pâte de verre, deux amulettes et un scarabée.

**1852.** — L'acquisition de la première partie de la collection du Dr Clot-Bey représente à elle seule une valeur de 17,000 francs et contient quatre cent quatre-vingt-seize objets, tels que beaux sarcophages en basalte, finement sculptés et couverts d'hiéroglyphes en dedans et en dehors, momies et cercueils de momies richement ornés, objets funéraires de toute nature, sculptures, statuettes de pierre et de bois, figurines funéraires, stèles de bois peint, figurines d'animaux sacrés, tables à libations, pyramides sépulcrales, canopes d'albâtre, vases de diverses matières, meubles, instruments, armes, objets de toilette, ivoires travaillés et sculptés, amulettes, scarabées, modèles de barques, de maisons, etc.

Les autres acquisitions de la même année se composent de seize statuettes et figurines en bronze, cent dix scarabées, une table à libations, une bague, deux figurines funéraires, deux vases de bronze et deux amulettes en or repoussé.

**1853.** — Deux mille trois cent quatre-vingt-dix-sept objets en matières diverses forment la seconde partie de l'acquisition de la collection du docteur Clot-Bey, pour la somme de 20,000 francs. Outre un grand nombre d'objets analogues à ceux que nous avons mentionnés dans la première partie de cette collection, on remarque particulièrement dans celle-ci une précieuse série de statuettes et figurines en bronze, représentant des divinités, des animaux sacrés et des personnages dans diverses attitudes; des contrats de vente en écriture démotique, dont les plus anciens remontent au règne de Darius; des rituels funéraires hiéroglyphiques et hiératiques ornés de peintures et figures au trait de tous les styles : quelques-uns appartiennent à des époques fort anciennes. Les nombreux bijoux, colliers, bracelets, bagues, objets de parure, pièces d'ajustement, tissus divers, broderies et objets en verroteries, ou en matières précieuses, qui figurent aussi dans cette acquisition, ont puissamment contribué à enrichir les vitrines du musée égyptien, qui n'ont leur équivalent dans aucun musée d'Europe.

Les autres acquisitions de la même année se composent d'un bel exemplaire du grand rituel funéraire en écriture hiératique, sur papyrus, avec des figures au trait d'une finesse admirable, et de deux statuettes de divinités en bronze.

**1854.**—Deux sarcophages royaux en bois peint et doré, portant les légendes de deux pharaons nommés Antew, qui sont attribués à la xi^e^ dynastie; sept petites statues en pierre peinte, provenant de Memphis et appartenant à l'époque de la construction des grandes pyramides. Ce sont les plus beaux spécimens connus de la première période de l'art de l'ancienne Egypte; deux bas-reliefs portant la représentation du roi Men-Ke-Hor, de la v^e^ dynastie; deux belles statuettes de bronze; trois bas-reliefs peints de style primitif; trois tables à libation, dont une du temps de la vi^e^ dynastie, et deux portant les cartouches de Ptolémée-Philadelphe; une tête de lion en pierre, de style analogue aux sculptures assyriennes; enfin, quatre grandes stèles funéraires de diverses époques.

**1855**. — Tous les objets acquis proviennent de la collection de M. Bourgeois-Thierry, de Suippes; ce sont : Un vase de cristal de roche admirablement travaillé, portant les cartouches du roi Amen-Rut; une petite stèle de terre émaillée portant le prénom d'Aménophis III; quatre vases funéraires ou canopes, dont trois sont ornés de la légende hiéroglyphique du prince Chamouabou, fils de Ramsès le grand; une figurine funéraire; deux amulettes, quatre scarabées et une bague portant aussi divers noms royaux.

**1856**. — Le musée égyptien n'a acquis en 1856 qu'un papyrus liturgique en écriture hiératique, et quatre statuettes d'Osiris en bronze, provenant du serapeum de Memphis.

**1857**. — Deux cent soixante-deux objets qui proviennent de la collection de M. d'Anastasi, d'Alexandrie; ce sont : Des amulettes, des scarabées, des meubles, des instruments, des statuettes de pierre, de bronze, de bois et d'autres matières; des stèles et inscriptions, dont plusieurs remontent à l'époque de la XII<sup>e</sup> dynastie; des vases d'albâtre, de bronze et d'autres matières, des pyramides funéraires, des figures d'animaux sacrés, des armes, des figurines funéraires, des objets de toilette et de parure, un petit modèle de barque, des objets consacrés au culte et aux funérailles, des pectoraux, une momie de bélier, des figurines de terre émaillée, des bijoux, bagues, colliers, etc., en or et argent, matières précieuses et verroteries, des tissus, étoffes et pièces d'ajustement, enfin des papyrus de plusieurs genres parmi lesquels on remarque des contrats démotiques de la plus ancienne époque, un registre de comptabilité en écriture hiératique, des fragments épistolaires, des formules magiques, etc. Un grand nombre de ces objets présentent à la fois des types d'art remarquables et des documents historiques fort intéressants.

On compte encore parmi les acquisitions de la même année un fragment de statuette de basalte, un ibis momifié, dans un petit sarcophage en pierre dont la forme représente l'oiseau sacré, deux stèles de la XVIII<sup>e</sup> dynastie et une sorte de table ronde en pierre, ornée d'une inscription funéraire.

**1858.** — Un miroir en bronze orné d'une légende hiéroglyphique, un papyrus portant des représentations funéraires et l'image d'un roi inconnu, sept scarabées, quatre amulettes, quatre phylactères, trois bagues et chatons de bagues ; enfin, une statuette de bronze.

**1859.** — Cent deux objets acquis de la collection de M. le chevalier de Palin, ancien ministre du roi de Suède près la Porte Ottomane ; ils se composent de figurines funéraires, statuettes de bronze, stèles, scarabées, fragments de sculptures, vases, amulettes, ornements de parure, cônes funéraires, base d'autel, tête de momie et objets divers.

Les autres acquisitions comprennent deux papyrus et une petite stèle de pierre calcaire.

**1860.** — Cent soixante-dix objets qui proviennent de la collection de feu M. Louis Fould. On y remarque deux têtes sculptées en ronde bosse, deux groupes funéraires, un certain nombre de stèles et inscriptions dont quelques-unes portent des dates historiques ; des objets d'ameublement, des figurines de divinités, des statuettes funéraires, des scarabées, des amulettes remarquables par leurs représentations, leur matière ou leur travail, des appliques en pâte de verre, un collier, plusieurs bagues, des vases, objets d'ivoire, pions d'échiquier, plus ou moins ornés, et diverses pièces de verroterie.

Le directeur des musées fit également, en 1860, les acquisitions suivantes : une stèle datée de l'an 1 de Menephtha Ier, XIXe dynastie ; trente et une statuettes de divinités et animaux sacrés, dont vingt-huit en bronze, avec ou sans incrustations d'or, et les trois autres en pierre et en terre émaillée. Ces derniers objets ont été acquis de M. Frisch, agent diplomatique d'Autriche, en Egypte.

**1862.** — Deux stèles funéraires, une amulette de cornaline, un cercueil de momie portant à l'intérieur le cartouche du roi Aménophis II divinisé, et le couvercle d'un autre cercueil sur lequel on lit la généalogie d'un prêtre d'Ammon, nommé Pama, et allié à la famille d'un pharaon de la XXII$^{e}$ dynastie, sont les dernières acquisitions faites pour le musée égyptien.

---

## MISSIONS.

Des missions scientifiques confiées par le Gouvernement à divers voyageurs ont également contribué à augmenter les collections du Musée, en 1851, deux cent quatre-vingt-deux plâtres de bas-reliefs et inscriptions moulés en Egypte et en Arabie Pétrée, par M. Lottin de Laval, furent envoyés au Louvre par le ministère de l'instruction publique, pour être annexés au musée égyptien. Plus tard, de 1852 à 1856, sont venus tous les monuments provenant des fouilles exécutées aux frais du Gouvernement, par M. Auguste Mariette, dans le serapeum de Memphis, entre les villages modernes de Sakkarah et d'Abousir : cette série d'antiquités ne compte pas moins de cinq mille neuf cent soixante-quatre objets de toute nature. Il suffit de rappeler pour en indiquer la valeur en peu de mots, qu'elle fournit, entre autres richesses scientifiques, une suite de stèles et inscriptions avec des dates historiques, commençant à la XVIII$^{e}$ dynastie, vers le XV$^{e}$ siècle avant J.-C., et se continuant jusqu'à l'époque de Cléopâtre et de son fils Césarion. Elle contient des documents très-importants pour la chronologie et des spécimens aussi nombreux que variés de tous les styles qu'affecta l'art égyptien pendant cette longue période des quinze siècles qui précédèrent notre ère. On y remarque aussi de magnifiques échantillons de la sculpture peinte des premières époques, contemporaine de la construction des grandes pyramides de Memphis. L'énumération détaillée de toutes ces richesses scientifiques dépasserait de beaucoup les limites du présent travail, et ne pourrait figurer que dans un catalogue analytique ; on ne croit pas inutile cependant de signaler ici les objets les plus importants de cette précieuse collection, qui est venue révéler à notre génération toute l'histoire du culte d'Apis, tel qu'il était pratiqué trois mille ans avant nous dans l'ancienne Memphis.

On placera en première ligne la statue du taureau sacré, trouvée en place dans son antique chapelle, enfouie sous les sables du désert; puis deux lions de grandeur naturelle, chefs-d'œuvre de sculpture ; six sphinx de calcaire blanc, provenant de l'avenue décrite par Strabon, qui conduisait du temple d'Apis, ou serapeum proprement dit, aux vastes souterrains qui servaient de sépulture aux taureaux sacrés ; des vases funéraires ou canopes d'une dimension exceptionnelle, en pierre et en albâtre, où étaient conservées certaines parties des entrailles des bœufs divins; un linteau de porte orné d'un bas-relief peint, représentant le roi Nectaneb embrassant la déesse Isis; une stèle rappelant la mort d'un Apis sous l'un des derniers règnes de la XVIIIe dynastie; une autre contenant la mention de trois Apis morts successivement sous Ramsès le Grand; une troisième datant du même règne, mentionnant le prince Menephtha qui succéda à ce pharaon et qui était sur le trône quand les Israélites sortirent d'Egypte, sous la conduite de Moïse ; d'autres enfin, datées des règnes de Chéchonk III (XXIIe dynastie); de Pi-Maï, souverain dont le nom et l'existence étaient restés inconnus ; de Chéchonk IV, également ignoré avant les découvertes de M. Mariette ; de Bockoris, dont le nom hiéroglyphique n'avait pas encore été rencontré sur les monuments ; du roi éthiopien Tahraka ; de Psammetichus, de Nekao, d'Apries, d'Amasis, de Cambyse, de Darius, des Ptolémées, en un mot de presque tous les souverains qui se placent chronologiquement entre la XVIIIe dynastie égyptienne et la domination romaine.

On signalera encore les montants en pierre de la porte des souterrains de la tombe d'Apis, sur lesquels un grand nombre de proscynèmes sont gravés en écriture démotique; les inscriptions phéniciennes qui se lisent sur une pierre à libations et sur un sphinx; une quantité considérable de figurines funéraires consacrées à Apis ou portant les noms des princes et des plus grands personnages de la XIX$^{e}$ dynastie et des dynasties suivantes; enfin les bijoux, admirables pièces d'orfévrerie, incrustés de pierres dures et de pâtes de verre, qui furent déposés dans la tombe d'Apis, comme *ex-voto*, par le prince Cha-em-Ouabou, fils de Ramsès le Grand, et par d'autres personnages du même temps; ce sont : un pectoral découpé à jour, richement décoré d'émaux; deux éperviers ayant les ailes étendues, dont la ciselure et les incrustations sont d'une finesse extraordinaire; l'un d'eux a la tête remplacée par celle d'un bélier, dont le travail est surtout remarquable; un gros scarabée de lapis, monté en pectoral; une plaque de serpentine verte, revêtue d'or et dédiée par Psar, l'un des principaux officiers de Ramsès II; un gros scarabée et une petite colonnette de spath vert, garnis d'or; enfin plusieurs cornalines rouges, de diverses formes, dédiées par les mêmes personnages, au temps de Moïse.

En 1862, enfin, le sarcophage en bois peint qui contenait la momie de la princesse Ar-Bast-Uzà-Niwu, fille du roi Takelothis II, de la XXII$^{e}$ dynastie, a été adressé au musée du Louvre par M. Henry de Montaut, comme provenant d'une mission gratuite qui lui avait été confiée par le Gouvernement.

---

# DÉPARTEMENT

DES

# ANTIQUES ET DE LA SCULPTURE MODERNE

---

## MONUMENTS ASSYRIENS, BABYLONIENS, PHÉNICIENS, PALMYRÉNIENS, JUIFS ET ARABES.

### DONS

**S. Exc. le ministre d'Etat** : Taureau colossal, figure symbolique colossale, vingt bas-reliefs, deux inscriptions cunéiformes, le tout provenant des palais royaux de Khorsabad, de Nemrod et de Ninive. — Collection d'antiquités assyriennes recueillies par M. Victor Place à Khorsabad; bas-relief de bronze repoussé, casque fragmenté, anneau et chevilles de bronze; baril de terre cuite, couvert d'inscriptions cunéiformes; vase et coupes; petites figurines; onze colliers composés de cornalines, jaspes et autres pierres dures, trente-cinq bracelets de même matière, amulettes et petits bijoux en pâte d'émail.

**S. Exc. le ministre de la guerre** : Colonne funéraire de marbre blanc avec inscription arabe.

**Clot-Bey** : Astrolabe et deux miroirs arabes; une coupe, un vase et trois plaques talismaniques arabes de bronze; un quart de cercle arabe en bois.

**E. Delessert** : Collier phénicien en pâte de verre, touvé dans l'île de Sardaigne.

**Fonfrède** : Quatre bronzes rapportés de Babylonie (figurine de prêtre, Vénus, tête de femme et bélier couché).

**Guillaume-Rey** : Collection de terres cuites, de

figurines de pierre et de divers bronzes recueillis en Assyrie, en Phénicie et en Chypre ; quatre grands mascarons de lion en bronze et anneaux de fer, trouvés en Phénicie ; revêtement de bronze d'un bouclier et joue de casque provenant de Chypre ; figurine d'argent de Cérès avec socle du même métal, trouvée en Phénicie ; grande statue de pierre, trouvée à Dali en Chypre et représentant un personnage barbu couronné de feuillage ; deux bustes peints, dés de mosaïque, etc. ; fragment d'une figure colossale représentant un roi phénicien, trouvé près de Sarepta ; sarcophage phénicien en marbre blanc, trouvé à Amrit ; couvercle de sarcophage sculpté en forme de femme couchée, trouvé à Byblos. Un bloc de marbre portant une inscription phénicienne de Malek Jatan, roi de Citium.

**Julienne** : Stèle funéraire du vizir espagnol Abou-Amer-Mohammed, mort en 479.

**Duc de Luynes** : Grand sarcophage d'Eschmounazar, roi des Sidoniens.

**Mariette-Bey** : Figurine de terre cuite portant une inscription phénicienne.

**Comte de Nolivos** : Scarabée phénicien, trouvé en Sardaigne.

**Place** : Collection d'antiquités recueillies à Khorsabad ; cylindre assyrien, quatre colliers, deux figurines d'animaux en bronze et morceaux de couleur bleue ; tablettes d'or, d'argent, d'antimoine et de bronze portant en caractères cunéiformes la mention de la fondation du palais de Khorsabad ; prismes de terre cuite chargés d'inscriptions contenant les chroniques du roi Sargon ; pierres gravées et armes de bronze ; échantillons de couleur bleue et de pâte bleue vitrifiée, recueillis à Khorsabad.

**Rollin et Feuardent** : Une tessère de terre cuite portant une inscription palmyrénienne.

**F. de Saulcy** : Coupe antique assyrienne d'argent doré, trouvée à Larnaca en Chypre ; quatre figurines phéniciennes de terre cuite; amulette babylonien de bronze et moulage d'une pierre gravée avec inscription gnostique. Deux plaques d'un collier d'or à relief très-antique, trouvées dans l'île de Rhodes. — Sarcophage et fragments de couvercle de sarcophage trouvés dans le tombeau des rois de Juda à Jérusalem. Pierre blanche calcaire.

**Ségur Duperron** : Buste de femme en marbre rouge, buste d'homme en pierre calcaire avec inscription palmyrénienne; cinq petits quadrilatères en terre cuite avec figures en relief, le tout recueilli à Palmyre.

**Tyszkiewicz** : Petit cylindre babylonien et lampe en forme de tête de nègre (bronze).

**Comte Melchior de Vogüé** : Inscription royale phénicienne de Saïda; tête provenant de Palmyre; inscription bilingue de Larnaca; quarante-huit têtes; fragments de statues, *ex-voto*, etc., achetés par lui en Chypre.

**Waddington** : Cylindre achéménide, pierre gravée sassanide; bague de cuivre et bulle de plomb byzantines recueillies en Asie Mineure; inscription arabe de l'an 491 de l'hégire, trouvée à Saïda; autel portant une inscription palmyrénienne; deux inscriptions nabatéennes de Hébran et Bostra.

**Waddington et Vogüé** : Trois inscriptions araméennes et deux têtes de basalte, le tout provenant de Siah; deux têtes de basalte du Haouran; huit inscriptions en arabe antique du désert de Safa.

Objets envoyés au Musée par suite de la mission de M. le comte de Vogüé : Cent soixante-douze têtes, animaux, *ex-voto*, inscriptions chypriotes, etc., chapiteaux provenant des fouilles exécutées en Chypre.

## ACQUISITIONS

**1850.**—Cinq fragments de bas-reliefs assyriens. Quatorze cylindres assyriens et babyloniens.

**1852.** — Collection d'objets antiques recueillis en Egypte : deux cylindres babyloniens, quatre-vingt-quinze disques et cinq fragments d'animaux en terre émaillée, un grand nombre de figurines en ivoire et en os, six peignes et vingt-cinq manches de poignards de travail assyrien, cinquante-quatre figures, lampes et fragments de terre cuite; une couronne de feuillage en bronze.

Collection d'antiques trouvés en Syrie : Deux Vénus de bronze, un bas-relief de plomb, une urne et quatre colonnes funéraires de marbre; vingt-cinq fragments de figurines de Vénus en pierre recueillis en Chypre et quatre figurines phéniciennes de terre cuite.

**1853.**—Sarcophage phénicien dont la gaîne représente une femme couchée. Marbre blanc trouvé à Tripolis.

Lion couché de travail phénicien trouvé près de Beyrouth; granit noir.

Coupe d'argent doré de travail assyrien, décorée de figures en relief et trouvée à Larnaca en Chypre.

Peigne assyrien en ébène, orné d'une figure de lion sculptée.

**1855.**—Vase antique de verre blanc opaque, décoré de fruits en relief; travail juif.

**1858.**—Canéphore, dont le corps est couvert d'inscriptions cunéiformes. Statuette de bronze antique trouvée près de l'Euphrate.

Tablette de pierre opisthographe, portant une longue inscription cunéiforme qui contient le nom d'Ammourabi, roi de Babylone.

**1859.**—Trente cylindres babyloniens, dont plusieurs avec inscriptions cunéiformes.

Deux pierres gravées, avec inscriptions phéniciennes.

**1860.** — Treize cylindres babyloniens, dont cinq avec inscriptions cunéiformes.

**1861.** — Statuette d'un guerrier en bronze, et vingt figurines phéniciennes en terre cuite, trouvées dans l'ancienne Phénicie.

**1863.** — Figurine en albâtre oriental, trouvée à Babylone.

---

## MONUMENTS GRECS, ÉTRUSQUES, ROMAINS.

### DONS

**S. M. l'Empereur** : Poids en forme de buste de Minerve, bronze trouvé à Civita Nova.

Diplôme de congé militaire, inscription sur bronze.

Deux coupes de verre de couleur, trouvées par le capitaine Bastien dans les fouilles faites par lui à Toscanella.

Un vase de bronze provenant d'Aubercia, canton de Combronde (Puy-de-Dôme).

**S. Exc. le ministre de la guerre** : Collection d'objets antiques trouvés en Crimée : une figure de marbre grossièrement sculpté, une figure de pierre sans tête, cent six vases de terre rouge, vingt-quatre vases de verre, trois d'albâtre, vingt-deux figurines de stuc et de terre cuite, une figure de bois doré, neuf colliers de pâte de verre, divers vases de bois, etc., un cippe portant une inscription gravée par les habitants de Tomi en l'honneur de l'empereur Adrien (trouvée dans la Dobrutscha), treize miroirs de bronze sans gravure, trois torques, vinqt-sept armilles, quatre-vingt-sept boucles, dix-huit fibules, deux anneaux, vingt-six pointes de flèche, dix pièces de serrure et un grand nombre de fragments de bronze.

Un devant d'autel et une grande colonne avec chapiteau en marbre d'Algérie.

**S. Exc. le ministre de l'instruction publique** : Collection de terres cuites antiques, recueillies à Tarse, en Cilicie, par M. Victor Langlois; quatre inscriptions grecques et un petit autel de marbre de la même provenance.

**M. le préfet d'Alger** : Grand tombeau de marbre blanc antique décoré de cannelures.

**Antoniadis** : Aigle antique de marbre blanc, trouvé à Alexandrie.

**Batissier** : Masque comique en pâte de verre; fragment d'un manuscrit grec de l'*Iliade* sur papyrus; douze vases antiques, cinq lampes et une figurine, objets recueillis en Egypte.

**Bertrand** : Nymphe couchée sur un bélier, bronze antique trouvé à Rome.

**Cabuccia** : Anneau et poids antiques en bronze, trouvés à Batna.

**Jean Darcel** : Aigle antique de bronze, trouvé dans la Seine, près du Petit-Pont, à Paris; vase grec de style très-ancien.

**E. Delessert** : Deux vases peints, d'ancien style grec, trouvés à Corinthe. — Corniche décorée d'un masque de lion, terre cuite antique, trouvée à Sparte. — Bracelet antique, composé de deux feuilles d'or, de la même provenance. — Vase antique en forme de Sirène, trouvé dans l'île de Sardaigne.

**Devéria** : Petit lécythus peint antique représentant les Charites.

**G. d'Eichthal** : Coupe peinte grecque, provenant de l'Etrurie; coupe d'ancien style grec, décorée d'un lion entouré de feuillages.

**Espinassy** : Figurine de femme assise, terre cuite romaine, trouvée en Egypte.

**Gaultier de Claubry** : Torse antique de faune, marbre blanc, trouvé à Apollonie d'Epire.

**H. de Janzé** : Femme agenouillée (terre cuite antique); bouclier votif de marbre, portant une dédicace d'*Aleximachus*, fils d'Aristénète. — Grand vase peint et décoré de six figures de ronde bosse, trouvé en Apulie. — Sirène, figurine de terre cuite, trouvée en Cyrénaïque.

**Jollivet** : Buste de Sérapis en serpentine, portant une inscription gnostique.

**Duc d'Istrie** : Onze anses d'amphore de Rhodes, portant des inscriptions grecques.

**Comte de Laborde** : Hermaphrodite, statuette de marbre antique.

**Léon Lalanne** : Poids de trois onces italiques, plomb trouvé à Kustendjé (Dobrutscha).

**Lamazou** : Petite ampoule de terre blanche, trouvée en Syrie.

**Lebarbier** : Lingot de plomb, portant une inscription latine, provenant des mines de Carthagène.

**F. Lenormant** : Une collection d'antiquités trouvées à Eleusis et à Mégare : trois boucles d'oreilles en or, décorées d'une tête d'Apollon en relief; deux têtes, une statuette fruste et deux fragments de bas-relief, en marbre blanc; 30 figurines et bustes en terre cuite, un grand nombre de vases, de lampes chrétiennes, de glands de plomb, portant des inscriptions grecques, etc.

**A. de Longpérier** : Douze grandes têtes antiques et quatre pieds humains, terres cuites trouvées près de Naples. Miroir étrusque décoré de figures gravées avec inscriptions. Buste de Gordien d'Afrique; bronze.

**M. de Malcroy** : Grand pavé mosaïque antique (fond blanc avec ornements de diverses couleurs), trouvé dans les environs de Rome.

**Mariette-Bey** : Terres cuites de travail romain ; tablettes de cire, portant des inscriptions grecques ; tablettes de marbre et cartel de bois avec inscriptions ; trois figures de lion en marbre blanc et une en pierre calcaire.

**Massieu de Cerval** : Stèles funéraires de *Cephisia* et de *Strobilus*; bas-relief athénien, représentant un cavalier; fragment de mosaïque (poissons), trouvé à Carthage.

**Mazoillier et Victor Langlois** : Fragments de vases antiques trouvés à Tarse : vingt-deux ornés de reliefs et vernissés, huit non vernissés, dont deux avec inscriptions; trois fragments en pâte de verre, imitant l'agate.

**Mérimée** : Vase d'ancien style grec, trouvé à Céri.

**Montalembert** : Camée antique, en pâte de verre (buste de Rome casquée).

**Oudry** : Un gland de fronde en plomb, portant une inscription en relief.

**Pelet**: Vase de verre antique, trouvé à Nîmes (fond translucide décoré de figures de Pygmées combattant des Grecs, en application opaque de diverses couleurs).

**Peretié** : Deux stèles de pierre avec figures peintes et inscriptions grecques trouvées à Saïda.

**Poujade** : Tête de Méduse, bas-relief antique trouvé à Athènes.

**Rattier** : Bas-relief grec représentant une femme appuyée sur un vase, marbre blanc trouvé à Cherchell (Afrique).

**Reiset** : Grand vase étrusque de terre noire décoré de figures de sphinx en relief.

**Robert et Blondeau** : Monuments antiques recueillis dans les fouilles exécutées par les donateurs dans la Dobrutscha : trois inscriptions grecques, une grande inscription latine, un chapiteau et un baptistère antiques décorés de croix et d'acanthes.

**Roches** : *La terre, le ciel et la mer*, bas-relief antique trouvé à Carthage.

**Salzmann** : Quatre-vingt-sept vases, colliers et terres cuites de très-ancien style, trouvés à Camirus dans l'île de Rhodes.

**F. de Saulcy** : Trois vases d'ancien style grec, trouvés à Sicyone. — Plaque de bronze avec inscription latine, trouvée à Bourg (Ain).

**La Saussaye** : Fragment de vase en argile rouge portant une inscription à la pointe, trouvé à Soings (Sologne).

**Sauvageot** : Figurine de femme, terre cuite grecque. — Pâte de verre antique. — Treize fragments de poterie antique décorée de reliefs.

**Sauzay** : Lampe antique de terre, en forme de tête d'Ethiopien.

**Siau** : Tête de Sénèque en marbre blanc, trouvée dans la commune d'Auch.

**M. de Valory** : Pierre gravée antique (cornaline), représentant Commode en Hercule.

**Villot** : Trois petits torses grecs et sept petites têtes antiques en marbre blanc.

**Waddington** : Six bas-reliefs antiques, marbres grecs recueillis à Cyzique (Asie Mineure). — Bas-relief funéraire trouvé à Rhodes.

---

## ACQUISITIONS.

**1850.** — Minerve Promachos, bronze antique trouvé à Vulci.

Apollon et Vénus tenant un miroir, figurines de bronze antiques.

Inscription grecque sur marbre, provenant de Smyrne.

Groupe de terre cuite représentant Vénus et Eros, trouvé à Bengazi (Cyrénaïque).

Quatre figurines de bronze : Satyre dansant, Mercure, Génie aîlé et Vénus céleste.

Coupe peinte grecque portant la signature de l'artiste *Charitæus*.

Grande oreille de vase, représentant en bas-relief Vénus entourée de Tritons, monument d'argent antique.

Collection Vattier de Bourville : Cent vingt figurines de terre cuite, quarante-deux colliers, etc., recueillis dans les fouilles de Bengazi.

Tête de femme diadémée, terre cuite de travail grec très-ancien.

Vase peint grec représentant la lutte de Thétis et de Pélée.

Vase en forme de tête d'enfant, provenant de Smyrne.

Vase peint grec représentant la toilette de Vénus, trouvé à Bengazi (Cyrénaïque).

Douze beaux vases peints et huit coupes peintes antiques, provenant des fouilles du prince de Canino.

**1851**. — Seconde collection Vattier de Bourville, recueillie à Bengazi : Trois grandes amphores panathénaïques portant les noms des archontes athéniens Céphisodore (an 323 avant J.-C.), Archippus (an 321) et Théophraste (an 313); soixante-quinze vases peints grecs; un autel de terre cuite; cent huit figurines de divinités et de personnages scéniques; vingt-six figurines d'animaux; cent quatorze vases noirs ou décorés d'ornements sur fond de terre blanche; six grandes lampes ornées de bas-reliefs; dix-neuf vases d'albâtre, etc.

Hermaphrodite près d'un cippe sur lequel est assis un Amour les mains liées, groupe de bronze antique.

Canope étrusque avec tête humaine; deux urnes cinéraires étrusques avec bas-reliefs; deux antéfixes, dont l'un représente Triptolême.

Vase peint grec, représentant Hébé versant à boire à Jupiter.

Deux bronzes antiques : figurine de Vénus d'ancien style portant sur la cuisse une inscription en vieux caractères grecs; figurine de l'Amour : toutes deux trouvées à Sparte.

**1852**. — La Fortune, statue de bronze antique plaquée d'argent, trouvée à Saint-Puits (Yonne).

Mécène : Buste colossal de la collection Poniatowski, avec son piédestal en granit rose d'Egypte.

Plateau funéraire étrusque, muni de tous ses vases, terre cuite noire.

Trois statuettes de bronze : Jupiter, Hercule et Personnage impérial sous les traits de Mercure.

Collection de trente-deux figurines de bronze antiques, recueillies en Egypte.

Grande amphore peinte de Vulci, représentant Hercule domptant le taureau de Crète.

Mars : Bronze avec piédouche antique, trouvé à Grand (Vosges).

Buste de femme (portrait) : marbre grec provenant de Smyrne.

Amphore bachique de Vulci, représentant Minerve combattant deux géants casqués.

Buste de Silène en argent antique.

Omphale : Bronze avec son piédouche antique, trouvé à Pierre (Saône-et-Loire).

Grande statuette de femme drapée (terre cuite).

Collection de sculptures antiques trouvées à Bengazi : cinq grandes statues de marbre, trois bustes, trois fragments de bas-reliefs, quatre inscriptions, six métopes portant des peintures à personnages nègres, etc.

Vase peint grec : lutte de Thétis avec Pélée.

Une collection de monuments antiques d'argent, trouvés à Notre-Dame-de-Brissac près Alençon : deux grands masques, trois bustes, deux médaillons décorés de bas-reliefs, vingt et une coupes, quatre patères, deux petits vases, deux rosaces, huit oreilles et anses de vases, quatre cuillères, etc.

**1853**. — Collection de bronzes antiques recueillis dans la basse Egypte : figures d'animaux, candélabres, vases et lampes, patères, etc.

Déesse assise (Diane d'Ephèse), la poitrine couverte de trois rangées de mamelles, terre cuite d'ancien style.

Muselière de cheval, bronze antique.

Grande statue d'Apollon en bronze doré, trouvée à Lillebonne.

Vase peint d'ancien style grec, décoré de trois rangs d'animaux.

**1854.** — Grande anse de vase, bronze antique de travail grec, décoré des figures des Dioscures tenant leurs chevaux.

**1855.** — Disque en terre cuite peinte, trouvé en Sicile et représentant le buste de Diane surmonté du croissant.

Figurine de femme portant une oie, terre cuite grecque.

Antéfixe peint d'ancien style grec et provenant d'un tombeau de Capoue.

Vase antique de terre cuite en forme de coquille bivalve.

Cléopâtre, reine de Syrie, mère d'Antiochus VIII, figurine de bronze antique.

Lampe antique de terre rouge, avec inscription contenant un vœu pour la nouvelle année.

Statuette de Vénus sortant du bain, bronze grec.

*Adonis et Proserpine*, bas-relief de terre cuite colorée en blanc.

Deux bas-reliefs grecs en terre cuite, représentant des guerriers et une femme versant à boire à un jeune homme.

Deux pieds de ciste de bronze antique, représentant Hercule en combat avec les Pygmées et Junon Lanuvina.

Guerrier casqué, bronze antique trouvé à Cadix.

Troisième collection Vattier de Bourville, se composant de cinquante-cinq terres cuites antiques trouvées à Bengazi, telles que : déesses de style très-ancien, génies funèbres, personnages bachiques, danseuses, acteurs et masques de théâtre.

**1856.** — Monuments antiques trouvés à Neuvy-Pailloux (Indre) : fragments de grands vases de bronze, deux masques humains, trépied de fer, fragments de fresques.

**1857.** — Buste de l'empereur Adrien, marbre antique.

Œnochoé peinte de style phénico-grec, décorée de quatre rangées d'animaux.

Deux amphores peintes d'ancien style grec, représentant des guerriers et le combat d'Hercule et de l'hydre.

Amphore grecque peinte, représentant un homme à tête de lion. Ancien style.

Monument votif en terre cuite, portant les bustes des trois dieux suprêmes.

Aristée portant le bélier, bronze antique de Tarragone.

Cuillère d'argent antique, portant un monogramme et une croix niellés.

**1858.** — Collection de bronzes étrusques : grande patère, deux miroirs gravés, deux candélabres ornés de figures, quinze statuettes de Junon, de Mars, de Vénus, d'Hercule, etc., masque de lion, deux grands pieds de ciste décoré de têtes de Méduse d'ancien style.

Sept grandes amphores peintes grecques, représentant Hercule combattant le lion de Némée et emmenant le chien Cerbère, Achille et Hémithéa, les Dioscures, etc.

Bronzes antiques : statuette de Vénus avec collier d'or ; quatre figurines : Esculape, nègre, génie ailé, Gaulois blessé; miroir étrusque avec figures et inscriptions.

Grande figure de coq, bronze antique trouvé à Lyon.

**1859.** — Cloche dont l'ouverture offre la forme d'une *vesica piscis*. Bronze antique.

*Bellone*, bronze italiote de très-ancien style, trouvé à Lyon dans la Saône. Lion de bronze provenant de la même ville.

Statuette représentant un guerrier avec casque, cnémides et phalères.

Figurine d'Apollon, portant sur les jambes une inscription en vieux caractères grecs. Bronzes antiques de très-ancien style.

Grande amphore grecque à fond rouge et à figures noires, représentant des Gorgones.

**1860** — Vase peint dont la panse est décorée d'imbrications. Très-ancien style.

Amphore tyrrhénienne représentant la naissance de Minerve.

Faune et Faunisque, groupe de marbre antique.

Buste d'Octavie, basalte vert antique.

Cuirasse de bronze décorée d'ornements au repoussé, trouvée près Saint-Amour (Jura).

Tête de jeune Faune, marbre antique trouvé à Trinquetaille.

**1861**. Colonne et chapiteau antiques en marbre blanc, trouvés à Vienne (Isère).

Lame courbe de bronze, décorée de deux hommes renversés, de deux loups accroupis, d'un grand nombre d'oiseaux, etc.

Hercule, figurine de bronze.

Amphore grecque à figures noires, représentant une Bacchante assise sur un taureau.

Vase de *C. Atisius Sabinus*, trouvé dans la vallée de Grésivaudan.

Couronnement d'un cylindre représentant en relief une forteresse dans laquelle quatre grues attaquent des serpents, des chouettes et des grenouilles. Bronze trouvé à Lyon.

Jupiter assis, figure en marbre blanc, trouvé dans la Saône à Lyon.

Aigle sur une base creuse. Bronze antique.

Casque et cnémide de bronze.

**1862**. Foudre votif, décoré de ciselures en fleurons.

Candélabre de travail étrusque très-ancien.

Guerrier armé, bronze étrusque provenant d'Athènes.

Inscription grecque écrite en boustrophédon, trouvée dans l'île de Crète.

Une table de bronze portant une inscription relative à l'édilité romaine.

**1863**. Une collection de bijoux d'or trouvés en Egypte: deux sceaux royaux de Ptolémée V. Epiphane; un bracelet ; une paire de pendants d'oreilles ornés d'une tête de taureau et d'une émeraude ; une petite bague funéraire en forme de feuille d'or.

Une collection de quatre-vingt-treize vases et statuettes du plus ancien style phénico-grec, trouvés à Camirus dans l'île de Rhodes.

Quarante-cinq bijoux d'or et d'argent, et colliers d'émail.

Deux pendeloques d'or.

---

MONUMENTS AMÉRICAINS.

## DONS

**S. M. l'Empereur** : Trois haches de pierre et de bronze. Une cuve de métal.

**Angrand** : Metlatl (tablette destinée à écraser le maïs), ustensile mexicain de terre grise; quatre figurines, quarante-deux vases et un grand nombre d'armes, de colliers, d'étoffes, d'ustensiles antiques provenant du Pérou. —Vase, poids et fragments de fresques trouvés au Pérou. —Quatre vases américains, dont l'un décoré d'une figure d'homme accroupi.

**Audiffret** : Quatre figurines de terre cuite mexicaines.

**La Bédollière** : Ex-voto représentant une mamelle; granit noir, travail caraïbe.

**Blart** : Quatre figures sculptées mexicaines; lave.

**Cloquet** : Un vase en forme de figure assise, provenant de la Nouvelle-Grenade.

**De Colleville** : Collection d'antiquités recueillies à Antioquia (Nouvelle-Grenade) : Deux figurines de terre cuite et trente-sept vases de terre décorés de peintures et d'ornements en relief.

**Eyriès** : Figurine d'oiseau trouvée à Marie-Galante.

**Levraud** : Dieu mexicain portant un enfant; terre cuite.

**Massieu de Clerval** : Figurine d'argent et deux vases péruviens.

**Perron** : Vase péruvien décoré de deux médaillons en relief.

**Place** : Neuf fragments de figures en terre cuite trouvés dans l'île d'Haïti.

**Ravaisson** : Deux haches de pierre trouvées à Haïti.

**Sauzay** : Hache caraïbe trouvée à Marie-Galante.

**Schœlcher** : Epée de pierre, treize têtes de figurines, quatre pointes de flèches en obsidienne, objets trouvés au Mexique.

**Du Sommerard** : Vase américain antique en forme de figure humaine assise.

---

## ACQUISITIONS.

**1850.**— Collection d'antiquités mexicaines : statues, bas-reliefs, vases, figurines, etc.

Lama péruvien, figurine d'argent.

**1854.** — Collection d'antiquités péruviennes : Cent vases en terre peinte, en forme de figures humaines, d'animaux, de poissons, d'oiseaux, de fruits, de coquilles, etc.; vingt-deux figurines de terre cuite; vingt têtes et bustes provenant de vases; un grand nombre d'ornements et d'ustensiles, tels que colliers, chapelets, disques, frondes, peignes, etc.; sept figurines, trois vases et une aiguille d'argent.

**1856.** — Vase mexicain antique en terre grise et en forme de gourde, décoré d'une figure de vieillard en relief.

Figurine d'or trouvée à la Nouvelle-Grenade.

**1857.** — Antiquités trouvées dans la Nouvelle-Grenade : Vase et quatre cylindres de jaspe et de serpentine.

**1859**. — Vase péruvien de terre pâle avec peintures rouges, représentant la lutte de deux divinités en présence d'un personnage dans l'attitude de l'invocation.

**1863**. — Douze vases péruviens et un casse-tête de pierre.

---

## SCULPTURE MODERNE.

### DONS

**S. M. l'Empereur** : Envoi au musée de Versailles d'un groupe de marbre représentant la reine Hortense et son fils, par Chatrousse; des bustes de marbre de Lucien Bonaparte, de Joseph Bonaparte, de Jérôme Bonaparte, de la princesse Catherine de Wurtemberg, reine de Westphalie; du prince Eugène, de Félix Baciocchi, grand-duc de Toscane; d'Elisa Bonaparte, sa femme; du prince Camille Borghèse, de la princesse Pauline, sa femme; de Caroline, reine de Naples; de Napoléone-Elisa Baciocchi, princesse Camerata; enfin d'un groupe de marbre représentant la princesse Elisa Bonaparte et sa fille. — Statue couchée du roi de Rome, marbre.—Buste du maréchal Bosquet, marbre par M. le comte de Nieuwerkerke.

**S. Exc. le ministre d'Etat** : Buste d'Augereau, duc de Castiglione.

**M. le préfet de la Seine** : Moulages en plâtre des bas-reliefs de Jean Goujon qui décorent la fontaine des Innocents.

**Comtesse de Sainte-Aldegonde** : Buste du maréchal duc de Castiglione, par Masson.

**M. Baillot** fils : Buste de Baillot, marbre par Briand.

**Vicomte de Bernis** : Buste du cardinal de Bernis, en plâtre.

**Hubac** fils : Hébé, bas-relief de marbre blanc, par L.-J. Hubac, de Toulon.

**Lajoie** : Buste de la comtesse de La Ferté, marbre du 16e siècle. — Figure d'un enfant royal du 15e siècle, provenant d'un tombeau.

**Comte de Caraman** : Deux bas-reliefs provenant du château d'Anet.

**Magimel** : Buste de l'abbé Aubert, par Houdon.

**Maystre** : Buste de femme du 16e siècle.

**De la Salle** : La Vierge et l'Enfant Jésus, bas-relief en marbre, par Mino da Fiesole.

**De Sussy** : Buste de Napoléon Ier, par Canova.

**Du Tronchay** : Buste du Poussin, par Lemoyne.

---

## ACQUISITIONS.

**1850**. — Buste de Béatrix d'Este, fille d'Hercule Ier, duc de Ferrare (attribué à Désidério de Settignano).

Buste de marbre avec la tête en bronze de Gorewood, chambellan de Marguerite d'Autriche.

Les quatre Evangélistes, bas-reliefs, par Jean Goujon.

**1851**. — Tête d'Hercule, médaillon de terre cuite, provenant de Reims.

**1852**. — Quatre anges, statues en pierre de liais, provenant de l'église de Poissy.

La Vierge et l'Enfant Jésus, bas-relief d'albâtre.

**1853**. — L'Enfant Jésus dans la crèche, bas-relief attribué à Richier.

**1855**. — Deux anges, fragments de statuettes, par Richier.

**1856**. — Tête d'Henri IV, bronze.

**1862**. Bas-relief représentant le Passage de la mer Rouge (16e siècle), provenant du château de Charenton.

## RESTITUTIONS.

Œuvres de sculpture, faisant autrefois partie du musée des Petits-Augustins, et rendues au Louvre en 1851 :

Bas-relief représentant Jacques de Serres agenouillé devant une Pietà.

Portement de croix, bas-relief.

Quatre hommes enchaînés et trophées d'armes, bas-relief par Simon Guillain.

Deux groupes d'anges, par Germain Pilon.

Sarcophage du tombeau de Philippe de Commines et de sa femme.

Deux génies funèbres, par Jean Cousin.

Statue de Childebert, placée autrefois dans le réfectoire de l'abbaye de Saint-Germain-des-Prés.

Jésus en prière sur le mont des Olives, bas-relief d'albâtre.

Jugement de Susanne, bas-relief attribué à Richier.

Cinq fragments d'un monument funéraire allemand, par Eméric Schillinck.

# MUSÉE DE SAINT-GERMAIN

(dépendant du département des Antiques.)

ANTIQUITÉS SCANDINAVES ET GALLO-ROMAINES.

---

## DONS.

**S. M. l'Empereur** : Une collection de trois cent quarante-sept objets antiques scandinaves, offerte à Sa Majesté par le roi de Danemark. La plupart de ces objets, trouvés sur différents points du littoral danois, appartiennent à l'âge de pierre, c'est-à-dire à la période la plus reculée de la civilisation. On y remarque des haches cunéiformes et des pierres de fronde taillées en silex, des outils en bois de cerf, des pierres à aiguiser, coins et ciseaux polis ou sans polissure, poignards à manche orné trilatéral, pointes de harpon, de lance et de flèche, marteaux, etc. Plusieurs de ces armes ont été restaurées dans l'antiquité même et donnent ainsi la preuve qu'on s'en est servi réellement. Une épée, des couteaux-haches, etc., datent de l'âge de bronze. Le premier âge de fer est représenté par le fragment d'une cotte de mailles du troisième siècle de l'ère chrétienne, par des hampes de lance en bois de frêne ornées de clous d'argent, des fragments de bouclier, etc. — Antiquités trouvées à Paris dans la Seine : canot gaulois creusé dans un tronc de chêne; un casque de bronze, une lame d'épée avec une partie du fourreau antique, un plat portant le monogramme du Christ, une lampe à quatre becs et un vase de bronze, plusieurs hachettes gauloises en bronze et en silex, deux anneaux, fers de lance et poterie antique. — Un casque trouvé dans la Saône, à Auxonne (Côte-d'Or). — Fragment d'une épée avec son fourreau, trouvé dans la Seine, à Neuilly. — Un grand nombre de haches celtiques en silex, de grains de collier, etc., trouvés à Brith (département de la Creuse) et à Carnac (Morbihan). — Un style de bronze, un glaive, une lance de fer, plusieurs anneaux, bracelets, épingles, colliers, etc., et de nombreux débris de poterie trouvés dans 41 tumuli gaulois découverts à Saint-Bernard. — Un bracelet d'argent, une petite bague d'or, trois flacons de verre antique, la garniture de bronze d'un coffret avec clef et serrure, et un grand nombre d'épingles en os, trouvées dans un tombeau à Bresles (Oise).

Dons de MM. :

**Auvray** : Deux fragments de vases portant des marques de potier.

**Beaune** : Objets antiques recueillis par lui à Alise; six vases de terre, deux fragments de mosaïque, un ex-voto de pierre calcaire et divers instruments d'agriculture en fer. Trois bas-reliefs et une statuette gauloise.

**Boucher de Perthes** : Une grande collection de silex provenant des fouilles faites par le donateur aux environs d'Abbeville-sur-Somme.

**Burty** : Fragments de poterie antique décorés de reliefs, deux avec noms de potier, trouvés à Paris.

**Cahingt** : Dix-huit haches de pierre, trois grosses balles de fronde, six francisques et six fers de lance, une plaque de ceinturon : objets antiques trouvés dans la commune de Londinières.

**Caron** : Huit hachettes celtiques de bronze, trouvées à Chambourcy.

**L'abbé Cochet** : Vingt vases de terre, deux de verre et un petit miroir, trouvés à Envermeu et Londinières. — Objets antiques recueillis par le donateur dans les fouilles de Lillebonne, de Fécamp et d'Envermeu : dix-sept vases, deux verres, trois francisques, cinq fers de lance, quatre couteaux, une plaque de ceinturon, deux boucles et diverses fibules de bronze.

**De Curin** : Hache de bronze.

**Duquenelle** : Trousse d'un médecin oculiste romain avec tous ses instruments, plusieurs cachets et tablettes de collyre ; trois statuettes de bronze, un torques, une fibule et une lampe en terre cuite, objets trouvés à Reims.

**Galibert** : Une bouteille de verre antique et une clef en fer.

**Guégan** : Une hachette de bronze et plusieurs vases de terre provenant des fouilles faites à Questembert (Morbihan).

**Guereau** : Hache de silex trouvée dans la forêt de Saint-Germain-en-Laye.

**Hervé** : Hachette gauloise en pierre brune.

**Jomard** : Une meule, plusieurs tuiles et fragments de vases portant des noms de potier, pointes de lance en fer, etc., le tout provenant de la Lozère.

**De Laborde** : Fragment de moule gallo-romain.

**Le Métayer-Masselin** : Une collection de trois cent soixante-dix antiquités, trouvées dans les fouilles exécutées par le donateur à Bernay, à Saint-Martin-du-Tilleul, à Menneval et à Duranville : statuettes, fibules, anneaux, clochettes, vases, mors de cheval, une hache et une strigile de bronze ; de nombreux vases de terre portant des marques de potier ; des figurines en terre cuite ; une collection de verrerie ; beaucoup d'objets en os et en ivoire ; une inscription gravée à la pointe ; seize haches en silex, etc.

**Menault** : Seize fragments de poterie antique, une figurine gauloise en terre cuite, une clef de fer, etc., trouvés dans les fouilles d'Angerville.

**Oeschger** : Un grand nombre de haches gauloises en bronze, trouvées en Normandie.

**Pline** : Fragments de vases portant des noms de potier, une lampe et un œuf en terre cuite, etc.; objets trouvés à Lyon.

**Regnard** : Hachette gauloise en silex, agrafes mérovingiennes.

**Rigollot** : Six haches de silex et un collier de grains calcaires, trouvés à Saint-Acheul, près d'Amiens.

**Robineau des Voydis** : Bas-reliefs gaulois représentant un hippalectryon trouvés près Saint-Sauveur (Yonne).

**De Saulcy** : Antiquités trouvées à Gergovie : un grand nombre de hachettes et de pointes de flèche celtiques en silex ; bracelets, grains de collier en ambre jaune, rouelles de plomb ; différents ustensiles antiques en bronze ; poteries à inscriptions. — Ampoule de verre trouvée à Paris dans la Seine. — Une lame de fer et deux outils en bronze découverts dans un tumulus à Chaumes-d'Auvenay (Côte-d'Or). — Un morceau de tissu, trouvé dans les tourbières lacustres du canton de Zurich.

**Théry** : Un fer de lance, un mortier en pierre blanche, sept hachettes en silex, etc.

**Tudot** : Deux moules gallo-romains en terre blanche, représentant une Vénus et une colombe; cinquante-trois fragments de vases antiques portant des noms de potier et trouvés dans les environs de Moulins-sur-Allier.

**Yates** : Moulage en bronze d'un creux à fondre des haches celtiques.

---

## ACQUISITIONS.

**1852.** — Collection de poterie et de vases de verre, trouvée dans les environs de Lyon ; lampes et petits ustensiles d'os : cent treize pièces.

**1857.** — Hache celtique de jaspe vert poli, trouvée dans la forêt de Sénart.

**1862.** — Une collection de deux cent trente-quatre haches gauloises en bronze, pointes de lance, ciseaux, lames de glaives et de poignards, serpes, bracelets, torques, anneaux, épingles, etc., avec deux sceaux portant des inscriptions.

Une grande hache en serpentine, trouvée à Bangor.

Une collection de cent quarante-six haches, scies et pointes de javelot gauloises.

Vingt et un vases et fragments de vases gallo-romains décorés de reliefs et d'inscriptions; vingt-deux autres sans ornements.

Sept statuettes de divinités celtiques; soixante-dix têtes et masques et trente figurines d'animaux en terre cuite.

Une statuette d'Hercule en os, un manche de couteau représentant un animal couché, trois cuillères, quarante épingles, etc., en os.

---

# DÉPARTEMENT

DES

# OBJETS D'ART DU MOYEN AGE

ET DE LA RENAISSANCE

## DON SAUVAGEOT

| NATURE DES OBJETS. | NOMBRE des pièces. |
|---|---|
| MARBRES | 9 |
| ALBATRE | 11 |
| ALBATRE DE LAGNY : | |
| Rehaussé d'or | 8 |
| PIERRE LITHOGRAPHIQUE OU TERRE DE PAPPEHEIM | 6 |
| TERRE CUITE | 3 |
| BOIS SCULPTÉ : | |
| Architecture | 2 |
| Ecussons | 5 |
| Meubles | 7 |
| Siéges | 12 |
| Tables | 4 |
| Coffrets | 10 |
| Bois à incrustations | 8 |
| Panneaux, pilastres, fragments de meubles | 5 |
| Bas-reliefs | 14 |
| Statuettes | 22 |
| Figures en buste | 4 |
| Portraits médaillons | 31 |
| Peignes | 5 |
| Miroirs | 11 |
| Rapes à tabac ou grivoises | 5 |
| Cuillères | 6 |
| Objets divers | 32 |

DON SAUVAGEOT (Suite).

| NATURE DES OBJETS. | NOMBRE des pièces. |
|---|---|
| Os et ivoire : | |
| Triptyques et diptyques | 9 |
| Ivoire : | |
| Statuettes | 15 |
| Bas-reliefs | 4 |
| Bustes | 1 |
| Médaillons | 10 |
| Coffrets | 6 |
| Peignes | 6 |
| Miroirs | 7 |
| Objets divers | 31 |
| Corne de cerf | 1 |
| Ambre | 1 |
| Nacre | 2 |
| Coquilles | 2 |
| Orfèvrerie-Bijouterie : | |
| Statuettes | 2 |
| Médaillons | 11 |
| Bagues | 20 |
| Objets divers | 76 |
| Horlogerie : | |
| Horloges | 6 |
| Montres | 13 |
| Bronze : | |
| Statuettes | 7 |
| Bas-reliefs | 7 |
| Médaillons | 5 |
| Objets divers | 19 |
| Cuivre : | |
| Objets divers | 42 |
| Médailles : | |
| Personnages français | 34 |
| Personnages étrangers | 31 |
| Fer | 20 |

DON SAUVAGEOT (Suite).

| NATURE DES OBJETS. | NOMBRE des pièces. |
|---|---|
| SERRURERIE : | |
| Serrures. Entrées de serrures | 13 |
| Clefs | 15 |
| Verrous | 19 |
| Heurtoirs ou marteaux d'appel | 7 |
| Objets divers | 10 |
| COUTELLERIE : | |
| Etuis à couteaux. Couteaux. Couperets | 33 |
| Fourchettes | 2 |
| Forces et ciseaux. Etuis à ciseaux | 10 |
| Objets divers | 7 |
| ETAIN ET PLOMB : | |
| Bassins. Aiguières. Plats | 15 |
| ETAIN : | |
| Médaillons | 14 |
| Objets divers | 7 |
| FAÏENCES ITALIENNES : | |
| Della-Robbia | 5 |
| Fabrique de Pesaro | 1 |
| Fabrique de Gubbio | 6 |
| Fabrique de Faenza | 8 |
| Fabrique d'Urbino | 8 |
| Fabrique de C stel-Deruta | 8 |
| Fabrique de Ci ta-Castello | 1 |
| Fabrique de C affagiolo | 1 |
| Fabrique de Castel-Durante | 1 |
| Ancienne fabrique de Savonne | 1 |
| Fabrique des Abruzzes | 2 |
| Fabrique dite Sicile-Arabe | 1 |
| Fabrique sicilienne | 2 |
| Fabrique napolitaine | 2 |
| Fabrique de Pise | 1 |
| Fabriques inconnues | 8 |
| FAÏENCES FRANÇAISES : | |
| Faïence dite de Henri II | 5 |
| PALISSY et son Ecole : | |
| Figurines | 11 |
| Plats à sujets | 34 |
| Plats à reptiles | 52 |

DON SAUVAGEOT (Suite).

| NATURE DES OBJETS. | NOMBRE des pièces. |
|---|---|
| Faïences de Rouen | 2 |
| Faïences de Nevers | 10 |
| Faïences de Beauvais | 1 |
| Faïences de Saintes | 2 |
| Faïences de Sarreguemines | 1 |
| Faïences d'Avignon | 1 |
| Fabriques incertaines | 5 |
| FAÏENCES ÉTRANGÈRES : | |
| Faïences de Flandre | 1 |
| Faïences de Hollande | 1 |
| Faïences allemandes | 4 |
| GRÈS CÉRAME : | |
| Grès de Beauvais | 1 |
| Grès de Flandre et d'Allemagne | 47 |
| TABLEAUX : | |
| Sujets et portraits peints | 45 |
| MINIATURES : | |
| A l'huile | 23 |
| MINIATURES SUR VÉLIN : | |
| Sujets | 34 |
| DESSINS | 2 |
| GRAVURES | 2 |
| PORTRAITS MÉDAILLONS : | |
| En cire polychrome | 11 |
| En cire monochrome | 5 |
| EMAUX DE LIMOGES : | |
| Incrustés | 13 |
| Hardon-Penicaud | 1 |
| Pierres Courteys | 5 |
| Léonard Limosin | 1 |
| Ecole de Léonard Limosin | 6 |
| Jean Courtois | 6 |
| Jean Penicaud, IIIe du nom | 6 |
| Martin Didier, pape | 4 |
| Pierre Raymond ou Rexmon | 11 |
| Pierre Penicaud | 3 |

DON SAUVAGEOT (Suite).

| NATURE DES OBJETS. | NOMBRE des pièces. |
|---|---|
| Suzanne de Court (attribué à)................ | 2 |
| Jean Limosin................................ | 6 |
| Jean Laudin................................ | 5 |
| Anonymes................................ | 7 |
| Emaux de fabrique........................ | 6 |
| VERRERIE DE VENISE : | |
| Flacons................................ | 15 |
| Coupes................................ | 26 |
| Verres à boire........................ | 46 |
| Présentoirs........................ | 3 |
| Plateaux........................ | 3 |
| Assiettes........................ | 4 |
| Objets divers........................ | 26 |
| VERRERIE ALLEMANDE........................ | 11 |
| VITRAUX FRANÇAIS........................ | 10 |
| VITRAUX ALLEMANDS........................ | 3 |
| VITRAUX SUISSES........................ | 20 |
| VITRAUX FLAMANDS........................ | 4 |
| INSTRUMENTS DE MUSIQUE........................ | 10 |
| BRODERIES SUR ÉTOFFES........................ | 4 |
| PORCELAINE DE CHINE........................ | 12 |
| PORCELAINE DU JAPON........................ | 12 |
| PORCELAINE DE L'INDE........................ | 3 |
| PANOPLIE ORIENTALE........................ | 20 |
| OBJETS DIVERS ORIENTAUX........................ | 24 |

## IVOIRES

### ACQUISITIONS.

**1852.** — Saint Jérôme en prière, statuette du 16e siècle.

Saint Jean et la Vierge, statuettes du 14e siècle.

**1857.** — Diptyque du 14e siècle, représentant *l'Adoration des rois et la crucifixion.*

Reliquaire en forme de dyptique, représentant la sainte Vierge et saint Christophe.

Statuette de roi du 11e siècle.

**1861.** — Statuette de la Vierge, du 13e siècle, provenant des collections Debrage-Dumesnil et Soltykoff.

Le couronnement de la Vierge, groupe en ivoire du 13e siècle, provenant de la collection Soltykoff.

---

## BOIS SCULPTÉS

### DONS.

**1861.** — Fragment d'un bas-relief de l'école allemande du 16e siècle, représentant un Amour jouant de la mandoline sous un meuble où sont posés deux livres.

Cadre ovale, orné de guirlandes de myrtes et de roses, fin du 18e siècle. Légués par **M. Dablin**, en 1861.

### ACQUISITIONS.

**1862.** — Fronton en bois sculpté qui avait fait partie jadis d'un meuble du musée provenant de la collection Durand, où il est replacé aujourd'hui.

## MÉTAUX

### ACQUISITION.

**1853.** — Bas-relief en bronze du 16e siècle, placé jadis sur le tombeau de Marguerite de Savoie, fille de Henri IV.

---

## ÉMAUX

### DONS.

**1850.** — Un guerrier, émail peint, donné par **M. le comte de Nieuwerkerke**, directeur général des musées.

**1852.** — Enseigne de chapeau. Email peint, donné par **M. F. Lagrenée.**

**1857.** — Portrait de Jehan Fouquet, miniaturiste du 15e siècle. Email et camaïeu dorés, donnés par **M. le vicomte de Janzé**.

### ACQUISITIONS.

**1851.** — Saint François d'Assise. Email français champlevé du 13e siècle.

**1852.** — Echiquier et trictrac. Email peint, signé L. L., 1537.

La généalogie de la Vierge. Email peint.

Portrait de Henri II. Email peint.

**1857.** — Religieux dominicains agenouillés autour d'un sarcophage. Email peint, avec le nom de Verthamon.

Reliquaire de l'empereur saint Henri. Email allemand champlevé, du 12e siècle.

**1862.** — Sainte Catherine et saint Jérôme. Deux émaux peints par J. Penicaud III.

## ORFÉVRERIE

### DONS.

**1857.** — Boîte à parfums, en or émaillé, ornée du portrait de l'impératrice Joséphine. Œuvre de Briennais, donnée par **M. Turpin de Crissé.**

**1861.** — Tabatière ovale, en or émaillé, ornée du portrait en miniature du roi Louis XVI. Deux autres tabatières en or. Léguées par **M. Th. Dablin.**

### ACQUISITIONS.

**1855.** — Croix du 12e siècle, à deux croisillons en argent doré, ornée d'émaux, de pierres et de deux statuettes, provenant de l'abbaye Saint-Vincent, de Laon.

**1857.** — Aigle en cuivre repoussé, ornée de médaillons, peints en commémoration de la paix de Teschen, entre l'Autriche et la Prusse, en 1779.

---

## PIERRES DURES

### DONS.

**1861.** — Aiguière et son plateau en cristal de roche, montés en cuivre doré.

Tabatière carrée en pierres précieuses d'espèces diverses montées en or.

Tabatière carrée en aventurine et en cristal de roche, montés en or.

Les douze Césars; pierres précieuses montées sur des bustes drapés en argent repoussé.

Tous ces objets ont été légués par **M. Dablin.**

---

## MOSAIQUES

### ACQUISITIONS.

**1852.** — Mosaïque grecque du 12ᵉ siècle représentant la Transfiguration.

---

## LUCA DELLA ROBIA ET SON ÉCOLE

### ACQUISITIONS.

**1851.** — Saint Laurent, martyr ; bas-relief.

**1852.** — La Charité ; groupe.

---

## FAIENCES ITALIENNES

### DONS.

**1851.** — Deux assiettes à grotesques sur fond blanc, d'Urbino, données par **M. F. Reiset**, conservateur au musée du Louvre.

### ACQUISITIONS.

**1851.** — Buste de femme en terre émaillée.

---

## BERNARD PALISSY

### DONS.

**1852.** — Un chien de chasse ; donné par **M. le vicomte de Rougé**, conservateur au Musée.

### ACQUISITIONS.

**1850.** — Assiette représentant un moissonneur. Collection Debruge-Dumesnil.

Bas-relief. Les Israélites devant le serpent d'airain.

**1852.** — Deux vases ornés de fruits, provenant d'épis de toitures.

Faneuse, statuette.

Un plat sans ornements.

---

### VERRERIE VÉNITIENNE

#### ACQUISITIONS.

**1850.** — Trois coupes en verre blanc provenant de la collection Debruge-Dumesnil.

---

### GRÈS ALLEMANDS

#### ACQUISITIONS.

**1853.** — Six vases en grès cérame, acquis à la vente de M. L. Becker.

---

## MUSÉE DES SOUVERAINS

| NOMS DES SOUVERAINS ET SOUVERAINES représentés au Musée par des objets qui leur ont appartenu. | NOMBRE des objets. |
|---|---|
| Childéric | 11 |
| Dagobert | 1 |
| Hunalde, compétiteur de Pépin | 1 |
| Charlemagne | 6 |
| Charles le Chauve | 2 |
| Louis VII | 2 |
| Blanche de Castille | 1 |
| Louis IX | 6 |

| NOMS DES SOUVERAINS ET SOUVERAINES. représentés au Musée par des objets qui leur ont appartenu. | NOMBRE des objets. |
|---|---|
| Charles V | 2 |
| Jeanne d'Evreux, femme de Charles V | 1 |
| Charles VI | 1 |
| Jean II (dit le Bon) | 1 |
| Charles VII | 1 |
| Charles VIII | 1 |
| Louis XII | 1 |
| Jeanne de France, femme de Louis XII | 5 |
| Anne de Bretagne | 1 |
| François Ier | 3 |
| François II | 1 |
| Henri II | 8 |
| Catherine de Médicis | 1 |
| Marie Stuart | 1 |
| Charles IX | 4 |
| Henri III, y compris les objets provenant de la chapelle de l'ordre du Saint-Esprit | 37 |
| Henri IV | 10 |
| Marie de Médicis | 2 |
| Louis XIII | 6 |
| Anne d'Autriche | 1 |
| Louis XIV | 8 |
| Louis XV | 4 |
| Louis, Dauphin de France, fils de Louis XV, père de Louis XVI | 1 |
| Louis XVI | 10 |
| Marie-Thérèse d'Autriche | 1 |
| Marie-Antoinette | 5 |
| Louis XVII | 4 |
| Napoléon Ier | 79 |
| Napoléon II, roi de Rome | 13 |
| Louis XVIII | 4 |
| Charles X | 9 |
| Louis-Philippe | 2 |

LISTE DES DONATEURS

AU

# MUSÉE DES SOUVERAINS.

| NOMS DES DONATEURS. | NOMBRE des objets donnés. |
|---|---|
| S. M. Napoléon III | 30 |
| M. Ballonhey | 1 |
| M. de Baudicourt | 1 |
| M. Boucher de Perthes | 2 |
| M. Brand | 1 |
| M^me^ la princesse Camerata | 1 |
| M^me^ la comtesse de Castagny | 2 |
| M. le général baron de la Rue | 1 |
| M. J. Duplan | 1 |
| M^me^ Gatte | 1 |
| M. Isabey | 1 |
| Sir Charles Edward Long | 1 |
| M. Malpièce | 1 |
| M. le comte Marchand | 15 |
| M^me^ Marchand | 1 |
| M. Meunier | 1 |
| M. Mirault | 1 |
| M^me^ Moray | 1 |
| M. le général Petit | 1 |
| M. Pierron | 5 |
| M. de la Rochejaquelein | 1 |
| M. Sinet | 1 |
| M. le comte H. de Viel-Castel | 1 |

# PEINTURE

## TABLEAUX ENTRÉS DANS LA COLLECTION DE PEINTURE DU LOUVRE DE 1850 à 1863 (1)

### LOUVRE

| ANNÉES. | NOM du maître. | DÉSIGNATION DU SUJET. | PRIX. |
|---|---|---|---|
| 1850 | VELASQUEZ. .... | Portrait à mi-corps de don Pedro Moscoso de Altamira, doyen de la chapelle royale de Tolède, depuis cardinal. | 4,500 fr. |
| 1850 | Mlle LUSURIER . | Portrait de Jean - Germain Drouais à l'âge de quinze ans (buste). | 400 fr. Acquis de M. Aimé Champollion. |
| 1850 | RIESENER (Henri-François). | Portrait à mi-corps de M. Ravrio, fabricant de bronzes. | Donné par M. Léon Riesener. |
| 1850 | HOBBEMA....... | Paysage...................... | Acquis de M. de Nieuwenhys pour 18,000 fr. |
| 1850 | AVED........... | Portrait à mi-corps du marquis de Mirabeau † 1789. | Acquis de Mme de Villeneuve pour 800 fr. |
| 1850 | BREUGHEL...... | Paysage : Vertumne et Pomone. | Donné pr M. Pierret. |
| 1850 | PÉRUGIN ....... | Sainte Famille................ | Acquis en août 1850 à la vente de la galerie du roi des Pays-Bas, 53,302 f. pour le 1er; 15,934 fr. pour le 2e. |
| 1850 | RUBENS......... | Portrait en buste du baron Henri de Vicq, ambassadeur des Pays-Bas à la cour de France. | |
| 1851 | MEMLING....... | Saint Jean-Baptiste. .......... | Vente du roi des Pays-Bas. Acquis en 1851 de M. le baron Fagel, ministre plénipotentiaire du roi des Pays-Bas, 11,728 f. |
| 1851 | Id......... | Sainte Marie-Madeleine. ...... | |

(1) Quelques-uns de ces tableaux sont dans les résidences impériales.

| ANNÉES. | NOMS du maître. | DÉSIGNATION DU SUJET. | PRIX. |
|---|---|---|---|
| 1851 | GÉRICAULT...... | Un Carabinier. Fig. en buste. . | Acquis de M. Stevens pour 1,500 fr. |
| 1851 | Id. ..... | Officier de chasseurs à cheval de la garde impériale. | Acquis de la vente des collections du feu roi Louis-Philippe pr 25,400 fr. |
| | Id. ..... | Cuirassier blessé............. | |
| 1851 | VELASQUEZ..... | Velasquez entouré de plusieurs personnages célèbres de son temps. | Acquis de M. Ferdinand Laneuville pour 6,500 fr. |
| 1851 | MARTIN DE VOS. | Saint Paul dans l'île de Mitylène piqué par une vipère. | Donné par M. Cottini. |
| 1851 | ECOLE FRANÇAISE (XVIIe siècle.) | Pallas et Romulus........... . | Id. |
| 1852 | BOUCHER....... | Diane sortant du bain avec une de ses compagnes. | Acquis de M. Van Cuyck pr 3,200 fr. |
| 1852 | GRANET........ | Portrait de l'auteur........... | Acquis pour 800 fr. |
| 1852 | DOSSO-DOSSI.... | Saint Jérôme dans le désert... | Acquis de M. Mündler pour 5,000 fr. |
| 1852 | INGRES (MM. Balze, d'après). | Homère déifié.... ......... | Copie pour remplacer au Louvre l'original destiné au Luxembourg. |
| 1852 | CHARDIN....... | Le Singe antiquaire.......... | Acquis de M. Ferdinand Laneuville pour 3,000 fr. |
| 1852 | Id.. ...... | Ustensiles de cuisine......... | |
| 1852 | Id......... | Id. .......... | |
| 1852 | Id......... | Un Lapin suspendu à un clou.. | Acquis de M. Jules Boilly pour 700 fr. |
| 1852 | MURILLO....... | La Conception de la Vierge.... | 615,300 fr. à la vente du maréchal Soult. |
| 1852 | JEAN METSYS... | David et Bethsabée........... | Donné par M. le duc de Morny. |
| 1852 | VAN DEN VELDE (Guillaume). | Marine....................... | Acquis à la vente de M. le baron de Varange pour 11,550 fr. |
| 1852 | DENNER........ | Portrait de femme............ | Acquis à la vente de M. le duc de Morny pour 18,900 fr. |

| ANNÉES. | NOMS du maître. | DÉSIGNATION DU SUJET. | PRIX. |
|---|---|---|---|
| 1852 | VAN DER NEER (Aart). | Paysage, effet de clair de lune. | Acquis à la vente de M. le duc de Morny pour 6,800 fr. |
| 1852 | GÉRARD (baron). | Portrait en pied de M. Isabey et de sa fille. | Donné par M. Eugène Isabey. |
| 1852 | DAVID.......... | Son portrait dans sa jeunesse.. | Id. |
| 1852 | LANDELLE...... | La Renaissance............... | Donné par le ministère d'Etat. |
| 1853 | ECOLE VÉNITIENNE. | Quatre tableaux représentant des ruines d'architectures........ | Acquis de Mme Charles Laffitte pour 7,000 fr. |
| 1853 | DE LA BERGE. | Paysage...................... | Donné par la famille de l'auteur. |
| 1853 | RESTOUT (Jean). | Dédicace du Temple de Salomon. | Donné par M. Giroust, député. |
| 1854 | RESTOUT (Bernard). | Portrait en buste de Jean Restout. | Acquis de M. Rousseau pour 60 fr. |
| 1854 | DOMENICO PANETTI. | La Mort de la Vierge......... | Donné par M. Beriah Bosfield. |
| 1854 | ECOLE VÉNITIENNE (16e siècle). | Portrait à mi-corps d'un homme d'armes. | Acquis de M. Brandon pour 3,000 fr. |
| 1854 | VAN DAEL (an 12). | Fleurs (le Tombeau de Julie)... | Donné par S. M. l'Empereur. |
| 1854 | LAZERGES...... | La Présentation au Temple.... | Pour la chapelle du palais de Fontainebleau. |
| 1855 | MARTIN......... | La Remise des Invalides à Louis XIV, par Mansard. | Acquis pour 5,000 fr. |
| 1855 | MURILLO....... | La Vierge, entourée d'une gloire céleste. | Donné par S. M. l'Empereur. |
| 1855 | DAVID......... | Portraits de M. et Mme Mongez. | Légué par Mme veuve Mongez. |
| 1855 | RYCKAERT (David). | Ryckaert dans son atelier...... | Donné par M. Adolphe Moreau. |
| 1856 | GROS.......... | Portrait à mi-corps d'A. de Larivallière, élève de Gros. | Donné par S. M. l'Empereur. |

| ANNÉES. | NOMS du maître. | DÉSIGNATION DU SUJET. | PRIX. |
|---|---|---|---|
| 1856 | GROS.......... | Le Premier Consul passant une revue après la bataille de Marengo. | Légué par M. le duc d'Istrie. |
| 1856 | VINCHON....... | Episode de l'histoire de Venise. | Donnés par Mme veuve Vinchon. |
| 1856 | Id......... | Sujet de l'histoire grecque moderne. | |
| 1856 | LORENZO LOTTO. | Saint Jérôme dans le désert... | Acquis pour 995 fr. |
| 1856 | FRANCISQUE MILLET. | Paysage. ................... | Acquis pour 1,050 fr. |
| 1857 | REMBRANDT.... | Bœuf écorché suspendu à l'étal d'un boucher. | Acquis de M. Viardot pour 5,000 fr. |
| 1857 | DUBOIS (Jean-Etienne-Franklin). | Portrait en buste de son père Etienne Dubois, peintre de fleurs. | Légué par l'auteur. |
| 1858 | ROSLIN (Alexandre). | Jeune fille s'apprêtant à orner de fleurs la statue de l'Amour. | Acquis de M. Roslin pour 3,000 fr. |
| 1858 | GREUZE........ | Portrait de M. Houard ....... | Acquis à la vente de M. Jousselin pour 300 fr. |
| 1858 | BOULANGER (Ls). | Quatre tableaux pour dessus de porte, représentant des Amours sur des nuages. | Commandés par le ministère d'Etat pour le palais de Saint-Cloud. |
| 1858 | BESSON (Faustin). | Flore et Zéphire............. | |
| 1858 | Id........ | Psyché et l'Amour........... | |
| 1858 | POTTER (Paul).. | Jeune Cheval en liberté dans une prairie. | Acquis à la vente de M. Hoope pour 7,000 fr. |
| 1858 | Attribué à RIBERA | Le Christ au tombeau......... | Donné par Sa Majesté l'Empereur. |
| 1858 | ECOLE DE BOUCHER. | Vénus et l'Amour............. | Acquis pour le palais de St-Cloud. |
| 1858 | Id....... | Vénus désarmant l'Amour..... | |
| 1858 | MURILLO....... | La nativité de la Vierge....... | 150,000 } Ces cinq tableaux, qui provien- |

| ANNÉES. | NOMS du maître. | DÉSIGNATION DU SUJET. | PRIX. |
|---|---|---|---|
| 1858 | MURILLO....... | Le Miracle de san Diego (la Cuisine des Anges). | 80,000 } nent de la collection du maréchal général Soult, ont été acquis en 1858 de la succession du duc de Dalmatie, par le ministère d'État pour la somme de 300,000 fr. |
| 1858 | ZURBARAN...... | Saint Pierre Nolasque et Saint Raymond de Peynafort. | 25,000 |
| 1858 | Id......... | Funérailles d'un évêque....... | 20,000 |
| 1858 | HERRERA LE VIEUX. | Saint Basile dictant sa doctrine. | 25,000 |
| 1858 | ECOLE FLAMANDE (17e siècle). | Saint Jean enfant............ | Donné par Sa Majesté l'Empereur. |
| 1858 | J. V. BERTIN... | Paysage.................... | Acquis pour le palais de St-Cloud. |
| 1858 | Id......... | Id. ...................... | |
| 1858 | ARY SCHEFFER. | La Mort de Géricault......... | Acquis de M. Henri Scheffer, pour 4,500 fr. |
| 1859 | RUBENS........ | Le Triomphe de la Vérité..... | Acquis à la vente d'Ary Scheffer, le 15 mars 1859, pour 5,567 fr. |
| 1859 | Id......... | Les Parques filant les destinées de la Reine. (Esquisses sur un même panneau de deux compositions de la galerie de Médicis). | |
| 1859 | ECOLE VÉNITIENNE (16e siècle). | Portrait d'une femme âgée..... | Acquis à la vente d'Ary Scheffer pour 1,680 fr. |
| 1859 | BELLIN (Jean)... | La Vierge, l'Enfant Jésus, saint Pierre et saint Sébastien. | Acquis de M. Van Cuyck ponr 15,000 francs. |
| 1860 | RIGAUD (Hyacinthe). | Portrait jusqu'aux genoux de Robert de Cotte, premier architecte du roi, intendant des bâtiments, etc., † 1735. | Acquis pour 1,500 fr. |
| 1860 | TURPIN DE CRISSÉ (comte). | Vue du palais Ducal, à Venise. | Légué par l'auteur. |

| ANNÉES. | NOMS du maître. | DÉSIGNATION DU SUJET. | PRIX. |
|---|---|---|---|
| 1860 | TURPIN DE CRISSÉ (comte).... | Paysage...................... | Légués par l'auteur. |
| 1860 | Id......... | Paysage : le Torrent.......... | |
| 1860 | DECAMPS....... | Les Chevaux de halage........ | Donné par M. Alexis Revenaz. |
| 1860 | KAUFFMAN (Angelica). | Portrait presque en pied de la baronne de Krüdner et de sa fille. | Donné par Sa Majesté l'Empereur. |
| 1860 | ECOLE FLAMANDE (fin du 15e siècle). | La Résurrection du Christ..... | Ces trois panneaux formant triptyque furent acquis pour 14,175 fr. Collection Vallardi, de Milan. |
| 1860 | Id......... | Saint Sébastien percé de flèches. | |
| 1860 | Id......... | Ascension du Christ........... | |
| 1861 | HOUEL (1774)... | Paysage. — Halte de voyageurs. | Ces cinq tableaux proviennent de l'hôtel de Castellane, acquis par Sa Majesté l'Empereur. |
| 1861 | Id......... | Paysage. — Danse de paysans.. | |
| 1861 | Id. (1774)... | Paysage : le Gué.............. | |
| 1861 | Id......... | Paysage d'Italie............... | |
| 1861 | Id......... | Paysage : l'Hermitage......... | |
| 1861 | HOBBEMA....... | Paysage : le Moulin à eau .... | Acquis de M. le baron Witzeleben pour 52,500 fr. |
| 1861 | VUEZ (Arnould de). | Saint Bonaventure devant un concile. | Donné par la ville de Lille. |
| 1861 | WAMPS......... | L'Innocence de Suzanne reconnue. | Donné par la ville de Lille. |
| 1861 | CARLE VERNET.. | Cavalier grec combattant un lion. | Donné par S. M. l'Impératrice. |
| 1862 | ARY SCHEFFER. | La Tentation du Christ. ...... | Donné par le ministère d'Etat. |
| 1862 | CRIVELLI (Carlo). | Saint Bernard............... | Acquis de M. le baron Clary pour 3,000 fr. |
| 1862 | VELASQUEZ..... | Portrait en pied de Philippe IV, roi d'Espagne † 1665. | Acquis de M. Mundler pour 23,000 f. |

| ANNÉES. | NOMS du maître. | DÉSIGNATION DU SUJET. | PRIX. |
|---|---|---|---|
| 1862 | D'après le Guide. | Judith tenant la tête d'Holopherne. | Donné par M. Yves Le Gorrec, maire de Pontrieux (Côtes-du-Nord). |
| 1862 | Frère ANDRÉ (Jean). | Portrait à mi-corps de Frère Jean André, de l'ordre des Dominicains, peintre d'histoire. | Donné par M. Albert Grand, peintre. |

**42 Tableaux provenant de l'église Notre-Dame de Paris.**

| ANNÉES. | NOMS du maître. | DÉSIGNATION DU SUJET. | PRIX. |
|---|---|---|---|
| 1862 | AUDRAN [Claude] (1706). | Décollation de saint Jean..... | Ces tableaux ont été déposés au Louvre par ordre du chapitre métropolitain. |
| 1862 | BLANCHARD (1670). | Saint André à genoux devant sa croix. | |
| 1862 | BLANCHET (1663). | L'Enlèvement de saint Philippe après avoir baptisé l'eunuque de la reine Candace. | |
| 1862 | BOULOGNE (Louis), le père (1648). | Le Martyre de saint Simon ... | |
| 1862 | Id. (1646).. | Les Miracles de saint Paul à Ephèse. | |
| 1862 | Id. (1657).. | Décollation de saint Paul...... | |
| 1862 | Ecole française (XVII<sup>e</sup> siècle). | L'Annonciation.............. | |
| 1862 | BOULOGNE [Bon] (1678). | Le Paralytique au bord de la piscine. | |
| 1862 | BOULOGNE [Louis de] (1715). | La Fuite en Egypte........... | |
| 1862 | Id. (1715).. | La Présentation au temple..... | |
| 1862 | CAZES (1706).... | L'Hémorrhoïsse............. | |
| 1862 | CHÉRON (1688).. | Agabus prédisant à saint Paul ce qu'il doit souffrir à Jérusalem. | |

| ANNÉES. | NOMS du maître. | DÉSIGNATION DU SUJET. | PRIX. |
|---|---|---|---|
| 1862 | CORNEILLE (Michel) le père (1644). | Saint Paul et saint Barnabé détestant l'idolâtrie des peuples de Lystre. | |
| 1862 | CORNEILLE (Michel), dit l'aîné. (1672). | La Vocation de saint Pierre et de saint André. | |
| 1862 | GALLOCHE(1705). | Saint Paul quittant la ville de Milet pour aller à Jérusalem, reçoit les adieux des prêtres éphésiens. | |
| 1862 | HALLÉ (Claude-Guy) (1717). | L'Annonciation.. .............. | |
| 1862 | Id. (1687). | Les Marchands chassés du temple. | |
| 1862 | HOUASSE (René) (1675). | Saint Etienne conduit au supplice. | |
| 1862 | JOUVENET(1716). | La Visitation de la Vierge (le *Magnificat*). | Ces tableaux ont été déposés au Louvre par ordre du chapitre métropolitain. |
| 1862 | BAROCCI (1590). | La Circoncision.............. | |
| 1862 | LAFOSSE (1715).. | L'Adoration des Mages........ | |
| 1862 | LAHIRE (1635)... | L'Assomption de la Vierge. ... | |
| 1862 | LOIR (1650)..... | Saint Paul convertit le proconsul Sergius. | |
| 1862 | PARROCEL (Joseph) (1694). | Saint Jean prêchant dans le désert. | |
| 1862 | PLATE-MONTAGNE (Nicolas de) (1666). | La Conversion du geôlier devant saint Paul et Silas. | |
| 1862 | RESTOUT (Jean) (1719). | Ananie imposant les mains à saint Paul. | |
| 1862 | SILVESTRE (Louis de) (1703). | Saint Pierre guérissant le boiteux à la porte du temple. | |
| 1862 | SIMPOL (1704) .. | Notre-Seigneur chez Marthe et Marie. | |

| ANNÉES. | NOMS du maître. | DÉSIGNATION DU SUJET. | PRIX. |
|---|---|---|---|
| 1862 | TESTELIN [L.] (1652). | Thabite ressuscitée par saint Pierre. | Ces tableaux ont été déposés au Louvre par ordre du chapitre métropolitain. |
| 1862 | UBELESQUI [Alexandre] (1692) | Notre-Seigneur guérissant des malades. | |
| 1862 | VERNANSAL (1689). | Jésus-Christ ressuscitant la fille de Jaïre. | |
| | CHAMPAGNE (Philippe de). | La Présentation de la Vierge au temple. | |
| 1862 | Id. ..... | La Naissance de la Vierge..... | |
| 1862 | Id. ..... | L'Assomption de la Vierge.... | |
| 1862 | COYPEL [Noël], (1661). | Saint Jacques le Majeur conduit au supplice. | |
| 1862 | MATHIEU [Elye], (1702). | Un Exorciste juif.. ... ....... | |
| 1862 | CRAYER (Gaspard de). | Le Christ en croix............ | |
| 1862 | DELORME (1819). | La Descente de Jésus-Christ dans les limbes. | |
| 1862 | HEIM (1820).... | Martyre de saint Hippolyte..... | |
| 1862 | Id. (1827). | Saint Hyacinthe invoquant la Vierge ressuscite un jeune homme qui s'était noyé. | |
| 1862 | GRANGER (1835). | Jésus-Christ guérissant les malades. | |
| 1862 | CHAUFFER (1836) | Le Christ en croix............ | |

---

| | | | |
|---|---|---|---|
| 1862 | SIGALON........ | L'Amour captif............... | Donné par M. Adolphe Moreau. |

| ANNÉES | NOMS du maître. | DÉSIGNATION DU SUJET. | PRIX. |
|---|---|---|---|
| 1863 | Luini (Bernardino). | Un Enfant sous un berceau de vigne ; fragment de fresque. | Acquis de M. Mundler pour 3,000 fr. |
| 1863 | Id. ..... | Un Enfant sous un berceau de vigne ; fragment de fresque. | |
| 1863 | Id. ..... | Vulcain forgeant les ailes de l'Amour ; fresque. | Id. pour 8,000 fr... |
| 1863 | Borgognone... (Ambrogio). | La Présentation au Temple.... | Id. pour 7,000 fr... |
| 1863 | Francia (Francesco-Raibolini) | La Nativité.................... | Acquis à la vente de M. Evariste Fouret pour 2,050 fr. |
| 1863 | Giraud (Eugène) | Henri IV dans la tour de l'église de Saint-Germain-des-Prés. (Salon de 1861). | Donnés par le ministère d'Etat pour la décoration du château de Pau. |
| 1863 | Housez....... | Mort d'Henri IV et Arrestation de Ravaillac. | |

## VERSAILLES.

| | | | |
|---|---|---|---|
| 1850 | V. de Jonquières......... | Dévouement et mort de Mgr l'archevêque de Paris (25 juin 1849). [Salon de 1849.] | Donné par le ministère de l'intérieur. |
| 1850 | Ginain (Eugène). | Revue passée au champ de Mars, le 25 mai 1846, en l'honneur d'Ibrahim-Pacha. (Salon de 1849.) | Id. |
| 1850 | Coutan (1833).. | Portrait en buste du lieutenant général comte Coutard † 1852. | Donné par le lieutenant général comte Coutard. |
| 1850 | Maison (Eugène) | L'Elévation du Calice à la messe pontificale du jour de Pâques à Saint-Pierre de Rome. (Salon de 1849.) | Donné par le ministère de l'intérieur. |
| 1850 | Ecole française (XVIIIe siècle). | Portrait en grand buste du chancelier de Maupeou, garde des sceaux de France † 1792. | Acquis pour 400 fr. |

| ANNÉES. | NOMS du maître. | DÉSIGNATION DU SUJET. | PRIX. |
|---|---|---|---|
| 1850 | D'après LUNDBERG. | Portrait en buste du marquis d'Havrincourt † 1767. | Donné par M. d'Havrincourt, député. |
| 1851 | GÉRARD (baron). | Portrait en pied de Joachim Murat en uniforme de colonel des chass. de la garde impériale.. | Acquis pour 4,000 fr. de M. Lebel. |
| 1851 | GÉRARD (Mademoiselle Grasset, d'après le baron). | Portrait en buste de Canova, sculpteur † 1822. | Donné par M. Henri Gérard. |
| 1851 | LÉON MOREAUX. | Portrait en grand buste du général Moreaux † 1795. | Donné par le ministère de l'intérieur. |
| 1851 | A. DE JAUBERT.. | Portrait en pied du lieutenant général Jean-Pierre baron Du Teil † 1794. | Donné par M. le baron Du Teil, petit neveu du général. |
| 1851 | JULES VIGNON. | Portrait en buste de Pierre-François Paultre de Lamotte, lieutenant général † 1840. | Donné par M. Amédée Paultre de Lamotte, capitaine d'artillerie. |
| 1851 | L. DUTIELT (1659) | Portrait en buste de Jansenius, évêque d'Ypres † 1638. | Donné. |
| 1851 | SERRUR ....... | Portrait en buste du comte Dejean, pair de France, lieutenant général † 1845. | Donné par Mme la comtesse Dejean. |
| 1852 | ALAUX......... | Lecture du testament de Louis XIV au parlement. | Donné par M. Hermant Lippus. |
| 1852 | Mlle HARVAY (1803) [Paul Carpentier, d'après]. | Portrait en buste de Bernardin de Saint-Pierre † 1814. | Donné par M. Paul Carpentier. |
| 1852 | PORBUS (François) | Portrait en buste de Pompone de Bellièvre, chancelier de France † 1607. | Acquis pour 300 fr. |
| 1852 | ECOLE FRANÇAISE (XVIIIe siècle). | Portrait en buste de Charles de Bonaparte, père de l'Empereur Napoléon Ier † 1785. | Donné par M. le comte Victor de Viel-Castel. |
| 1852 | Mme HAUDEBOURT (Jeanne Julien, d'après). | Portrait en buste de M. de Jouy, de l'Académie française † 1846. | Acquis pour 100 fr. |

| ANNÉES. | NOMS du maître. | DÉSIGNATION DU SUJET. | PRIX. |
|---|---|---|---|
| 1852 | H. Massy (1852). | Portrait en buste du lieutenant-général Jean Du Teil † 1820. | Donné par M. le baron du Teil, petit-neveu du général. |
| 1852 | Jung (Théodore). | Vue générale de la ville de Rome et des travaux de siége exécutés par l'armée française la veille de la reddition de la place en 1849. (Salon de 1852) | Donné par le dépôt de la guerre. |
| 1853 | Gérard (baron). | Portrait en pied du comte de Sussy en costume de sénateur. | Légué par M. le comte Honoré de Sussy. |
| 1853 | Larivière...... | Portrait en pied du maréchal comte Exelmans † 1852. | Commandé pour 2,500 fr. |
| 1853 | Moreaux (Léon) | Prise de Trèves en 1794........ | Commandé. |
| 1853 | Tissier......... | Portrait en pied d'Abd-el-Kader (Salon de 1853). | Acquis pour 2,500 f. |
| 1853 | Navlet......... | Vue de Paris au levant. (Salon de 1853). | Acquis pour 3,400 f. |
| 1853 | Id. ........ | Vue de Paris au couchant. (Salon de 1853). | |
| 1853 | Engerth [Ed.], (1843). | Portrait en buste du prince Miloch Obrenowitz, prince régnant de la Servie. | Donné par le prince de Servie. |
| 1853 | Beaucé......... | Assaut et prise de Laghouat en 1852 (Salon de 1853). | Donné par S. M. l'Empereur. |
| 1853 | Larivière...... | Portrait en pied de l'amiral baron de Mackau † 1855. (Sal. de 1853.) | Donné par le ministère d'Etat. |
| 1853 | Bin............ | Portrait en pied de S. Exc. le maréchal Vaillant. (Sal. de 1853.) | Id. |
| 1853 | Ansiaux [1807] (Rousseau, d'après). | Portrait en pied du duc de Cadore † 1834. | Id. |
| 1854 | A. Tissier..... | Portrait en buste du vicomte de Reiset, lieutenant général † 1836. | Donné par la famille. |

| ANNÉES. | NOMS du maître. | DÉSIGNATION DU SUJET. | PRIX. |
|---|---|---|---|
| 1854 | A. TISSIER..... | Portrait en buste du général de brigade Binot, tué à Eylau en 1807. | Donné par la famille. |
| 1854 | Mlle PHILIPPAIN. | Portrait en buste du général comte de Custine † 1793. | Donné par M. le marquis de Custine. |
| 1854 | LARIVIÈRE...... | Portrait en pied de S. Exc. le maréchal Magnan. | Donné par le ministère d'Etat. |
| 1854 | Id. ..... | Portrait en pied du maréchal de Saint-Arnaud. | Commandé pour 2,500 fr. |
| 1854 | SIGNOL......... | Passage du Bosphore par les croisés. | Donné par le ministère d'Etat. |
| 1854 | Mlle DE LORIMIER (Henriette). | Portrait en buste de François-Charles-Hugues-Laurent de Pouqueville, de l'Académie des inscriptions et belles-lettres † 1838. | Légué par l'auteur. |
| 1854 | PHILIPPOTEAUX. | Portrait en pied du général comte Dampierre † 1793. | Donné par M. le marquis de Dampierre, deuxième fils du général. |
| 1854 | PONCE CAMUS... | Portrait en pied du général comte Soulès † 1845. | Légué par Mme la comtesse Soulès, veuve du général. |
| 1854 | GROS (baron).... | Portrait en pied du général baron Fournier † 1827. (Salon de 1812.) | Donné au nom de la famille par M. A. Fournier-Sarlovèse, juge d'instruction à Montluçon. |
| 1854 | BELLANGÉ (Hte). | Défense de Pondichéry par le chef de brigade Binot. | Donné par la famille. |
| 1854 | PINCHON ....... | Portrait du général de division Henri-François de La Borde † 1833. | Donné par MM. Henri et Jules de La Borde, fils du général. |
| 1854 | A. R........... | Portrait du chevalier baron d'Elbhecq, lieutenant général † 1793. | Donné par M. le baron Paul du Chambge de Liessart. |
| 1854 | LECOMTE (Emile) | Portrait en buste de Charles-Augustin de Coulomb, physicien † 1806. | Donné par M. F. de Coulomb, son petit-neveu. |

| ANNÉES. | NOMS du maître. | DÉSIGNATION DU SUJET. | PRIX. |
|---|---|---|---|
| 1855 | Mlle GIRARD.... (1804) | Portrait en pied du général de division comte Gazan de La Peyrière † 1845. | Donné par M. le vicomte Gazan de La Peyrière, juge au tribunal de Vannes, fils du général. |
| 1855 | MARZOCCHI (d'après un portrait de famille). | Portrait en buste du général baron de Kalb † 1780. | Donné par M. le vicomte d'Abzac. |
| 1855 | LARIVIÈRE...... | Portrait en pied de l'amiral Parceval-Deschênes. | Commandé pour 3,000 fr. |
| 1856 | D'après un portrait de famille. | Portrait en buste de Denis Godefroy, seigneur de Guignecourt, ambassadeur de l'électeur palatin † 1622. | |
| 1856 | Id. ..... | Portrait en buste de Théodore Godefroy, conseiller d'Etat, historiographe de France † 1649. | Donnés par M. le marquis de Godefroy-Menilglaise. |
| 1856 | Id. ..... | Portrait en buste de Jacques Godefroy, conseiller d'Etat, ambassadeur de Genève † 1652. | |
| 1856 | L. GUTTENBRUNN (1813) | Portrait du comte de Mareschalchi, ministre d'Etat italien. | Donné par M. le comte Mareschalchi, son petit-fils. |
| 1856 | LANDEL........ | Portrait en pied de l'amiral Baudin. | Donné par le ministère d'Etat. |
| 1856 | GIRAUD (Eugène) | Portrait en pied de l'amiral Bruat. | Commandé pour 3,000 fr. |
| 1856 | Id. ..... | Portrait en pied de S. Exc. l'amiral Hamelin. | Commandé pour 3,000 fr. |
| 1856 | Mlle A. ASSELINEAU. | Petit portrait en pied du baron Dornier, capitaine au 10e dragons. | Donné par Mme la baronne veuve Dornier. |
| 1856 | ARMAND ... ... | Débarquement de la reine d'Angleterre à Boulogne (18 août 1855). | Donné par le ministère d'Etat. |
| 1856 | H. BELLANGÉ... | Bataille de l'Alma (20 septembre 1854). (Salon de 1855). | Id. |

| ANNÉES. | NOMS du maître. | DÉSIGNATION DU SUJET. | PRIX. |
|---|---|---|---|
| 1856 | Mme Benoist (Eug. Battaille, d'après). | Portrait du maréchal Brune † 1815. | Donné par le ministère d'Etat. |
| 1856 | Broc (de Rudder, d'après). | Portrait en pied du maréchal Soult, duc de Dalmatie † 1851. | Id. |
| 1856 | Battaille (Eug.) | Portrait en buste de Lambert, baron de Chamerolles, contrôleur général des finances † 1794. | Id. |
| 1856 | Couder (Aug.) | Installation du conseil d'Etat au palais du Petit-Luxembourg (25 décembre 1799). | Id. |
| 1856 | Dieudonné..... | Portrait de G. de Bastard, vicomte de Fussy, lieutenant général en Berry † 1447. | Id. |
| 1856 | Id. ..... | Portrait de Denys de Bastard, marquis de Fontenay, chef d'escadre † 1723. | Id. |
| 1856 | Mlle Duvidal... | Portrait de Mme Campan † 1822. | Id. |
| 1856 | Gautherot (Marzocchi, d'après). | Portrait en pied du maréchal Davoust, prince d'Eckmühl † 1823. | Id. |
| 1856 | Gros (d'après le baron). | Portrait en pied du maréchal Masséna, duc de Rivoli, prince d'Essling † 1817 | Id. |
| 1856 | Langlois (J. M.) [Eug. Battaille, d'après]. | Portrait en pied du maréchal Ney, prince de la Moskowa. | Id. |
| 1856 | Legrip......... | Portrait de Philis de la Tour du Pin de La Charce † 1703. [L'héroïne du Dauphiné]. | Id. |
| 1856 | Riesener (E. Hédouin, d'après). | Portrait en pied du maréchal Bessières, duc d'Istrie. | Id. |
| 1856 | Rigo (Jules).... | Portrait en buste de Blain-François Aldégonde de Jouvencel, maire de Versailles † 1840 | Id. |

| ANNÉES. | NOMS du maître. | DÉSIGNATION DU SUJET. | PRIX. |
|---|---|---|---|
| 1856 | RIGO (Jules).... | Portrait en buste de Hyacinthe Richaud, maire de Versailles † 1827. | Donné par le ministère d'Etat. |
| 1856 | Mlle VARCOLLIER. | Portrait en buste du lieutenant général comte Klein † 1845. | Id. |
| 1856 | VÉRON - BELLECOURT. | Allégorie aux conquêtes de Napoléon Ier en Egypte. | Donné par la famille de l'auteur. |
| 1856 | VIEN (Eug. Charpentier, d'après). | Portrait en pied du maréchal comte Jourdan † 1833. | Donné par le ministère d'Etat. |
| 1856 | WINTERHALTER (Boulard, d'après). | Portrait en buste de l'Empereur Napoléon III. | Id. |
| 1856 | YVON......... | Le maréhal Ney soutenant l'arrière-garde pendant la retraite de Russie (décembre 1812.) [Salon de 1855.] | Id. |
| 1856 | VAN DOME (Im-Thurm, d'après). | Portrait du lieutenant général baron Campredon. | Id. |
| 1856 | VINCHON...... | Enrôlements volontaires : la Patrie déclarée en danger (1792). [Salon de 1850-51.] | Donné par le ministère d'Etat. |
| 1856 | INCONNU....... | Entrée de Napoléon Ier à Venise. | Donnés par M. le comte de Molin. |
| 1856 | Id.......... | Idem................ | |
| 1856 | LARIVIÈRE..... | Portrait en pied de S. Exc. le maréchal Baragucy d'Hilliers. | Commandé pour 3,000 fr. |
| 1856 | LEGRIP......... | Portrait en pied du duc de Padoue, gouverneur des Invalides. | 1,500 fr. Donné par S. M. l'Empereur. |
| 1857 | DUPUIS-COLSON. | Portrait en buste du baron Parmentier, agronome, membre de l'Institut. | 600 fr. Donné par S. M. l'Empereur. |
| 1857 | H. BEAUVAIS... | L'Empereur Napoléon III à Bourges, au milieu des inondés. | 500 fr. Donné par S. M. l'Empereur. |

| ANNÉES. | NOMS du maître. | DÉSIGNATION DU SUJET. | PRIX. |
|---|---|---|---|
| 1857 | GIRAUD (Charles) | Le capitaine de corvette Bonard enlève le fort de Fantahua (fin de la guerre de Tahiti, 1846). [Salon de 1855.] | Donnés par S. M. l'Empereur. |
| 1857 | Id. ........ | Même sujet. (Salon de 1855.).. | |
| 1857 | RICARD......... | Portrait en pied du maréchal comte Harispe † 1855. | Donné par le ministère d'Etat. |
| 1858 | DURAND-BRAGER | 21 tableaux représentant diverses vues du siége de Sébastopol (guerre de Crimée, 1854-55). [Salon de 1857.] | Donnés par S. M. l'Empereur. |
| 1858 | CHAVET (Victor). | Portrait en pied de l'amiral Bergeret † 1857. | Donné par le ministère d'Etat. |
| 1858 | BIN (Emile)..... | Portrait en pied du maréchal de Castellane. | Commandé pour 3,000 fr. |
| 1859 | DECAEN......... | Expédition de Kabylie, prise de Tiguert-Hala, par la division du général baron Renault (1857). [Salon de 1859.] | 6,000 fr. Donné par S. M. l'Empereur. |
| 1859 | FONTAINE...... | Attaque de la redoute Selinghinsk (ouvrages blancs), nuit du 23 au 24 février 1855. — Guerre de Crimée. (Salon de 1859.) | 4,000 fr. Donné par S. M. l'Empereur. |
| 1859 | PROTAIS........ | Attaque et prise du mamelon Vert et des ouvrages blancs, 7 juin 1855. — Guerre de Crimée. (Salon de 1859.) | 5,000 fr. Donné par S. M. l'Empereur. |
| 1859 | RIGO (Jules).... | Le général en chef Canrobert visitant une tranchée.—Guerre de Crimée, hiver de 1854. (Salon de 1859.) | 5,000 fr. Donné par S. M. l'Empereur. |
| 1859 | YVON.......... | Prise de la Tour de Malakoff le 8 sept. 1855 [guerre de Crimée] (Salon de 1857). | Donné par le ministère d'Etat. |
| 1859 | Id. ....... | La Gorge de Malakoff, 8 sept. 1855 [guerre de Crimée] (Salon de 1859). | Id. |

| ANNÉES. | NOM du maître. | DÉSIGNATION DU SUJET. | PRIX. |
|---|---|---|---|
| 1859 | YVON.......... | La Courtine de Malakoff, 8 sept. 1855 [guerre de Crimée] (Salon de 1859). | Donné par le ministère d'Etat. |
| 1859 | VERNET (Horace). | Portrait en pied de S. Exc. le maréchal Bosquet. | Id. |
| 1859 | Id........ | Portrait en pied de S. Exc. le maréchal Randon. | Id. |
| 1859 | BARRIAS........ | Débarquement de l'armée française à Old-Port (Crimée), le 14 sept. 1854 (Salon de 1859). | Id. |
| 1859 | LARIVIÈRE..... | Rentrée dans Paris de S. A. I. le Prince Président au retour de son voyage dans le midi de la France en 1852 (Salon de 1859). | Id. |
| 1859 | DUBUFE (Édouard) | Le Congrès de Paris en 1856 (Salon de 1857). | Id. |
| 1860 | Mlle SERVOISIER. | Portrait en buste du baron de Marcognet, lieutenant général † 1855. | Donné. |
| 1860 | INCONNU....... | Portrait en buste du général de de division Lebrun, duc de Plaisance, grand chancelier de la Légion d'honneur † 1860. | Donné par M. le duc de Plaisance. |
| 1860 | PHILIPPOTEAUX. | Charge de chasseurs d'Afrique au combat de Balaklava, le 25 octobre 1854 [guerre de Crimée] (Salon de 1859). | Donné par le ministère d'Etat. |
| 1860 | LACRETELLE.... | Mort du général Duroc, duc de Frioul, le 23 mai 1813. | Donné par S. M. l'Empereur. |
| 1860 | JUMEL DE NOIRETERRE. | Bataille de Solferino [juin 1859] (Salon de 1861). | Donné par le ministère d'Etat. |
| 1860 | VERNET (Horace). | Portrait en pied de S. Exc. le maréchal de Mac-Mahon, duc de Magenta. | Id. |
| 1860 | LARIVIÈRE..... | Portrait en pied de S. Exc. le maréchal Niel. | Id. |

| ANNÉES. | NOM du maître. | DÉSIGNATION DU SUJET. | PRIX. |
|---|---|---|---|
| 1860 | MASSE......... | Portrait en buste de M. Aubernon, pair de France, préfet du département de Seine-et-Oise † 1851. | Donné par la famille. |
| 1860 | ARMAND-DUMARESQ. | Mort du général Bizot au siége de Sébastopol [11 avril 1855] (Salon de 1859). | Donné par le ministère d'Etat. |
| 1861 | Mme CHERADAME (née BERTAUD). | Portrait en pied du général de division Desvaux de Saint-Maurice, tué à Waterloo le 18 juin 1815 (Salon de 1819). | Donné par M. le le baron Desvaux de Saint-Maurice, fils du général. |
| 1861 | CHAMPMARTIN... | Portrait en pied de Mme de Mirbel. | Donné par M. Gédéon Rue, frère de Mme de Mirbel. |
| 1861 | LEJEUNE (le général baron). | Bataille du Mont-Thabor (16 avril 1798). | Ces treize tableaux acquis de M. le baron Lejeune, fils du général. |
| 1861 | Id. ..... | Bataille des Pyramides (21 juillet 1798). | |
| 1861 | Id. ..... | Bataille d'Aboukir (25 juillet 1799). | |
| 1861 | Id. ..... | Bataille de Marengo (14 juin 1800). | |
| 1861 | Id. ..... | Le soir de la bataille d'Austerlitz (1er décembre 1805). | |
| 1861 | Id. ..... | Bataille de Somo Sierra (30 novembre 1808). | |
| 1861 | Id. ..... | Siége de Saragosse (février 1809). | |
| 1861 | Id. .... | Escarmouche avec les guérillas dans les montagnes de la Guadarama de Castille (11 avril 1811). | |
| 1861 | Id. ..... | Attaque d'un grand convoi dans la province de Biscaye (25 mai 1812). | |
| 1861 | Id. ..... | Premier passage du Rhin (6 septembre 1795). | |

| ANNÉES. | NOM du maître. | DÉSIGNATION DU SUJET. | PRIX. |
|---|---|---|---|
| 1861 | Id. .... | Bataille de Chiclana (5 mars 1811). | Id. |
| 1861 | Id. ..... | Bataille de la Moskowa (7 septembre 1812). | |
| 1861 | Id. ..... | Bataille de Lodi (10 mai 1796).. | |
| 1861 | JUMEL DE NOIRETERRE. | Bataille de Magenta (4 juin 1859) [Salon de 1861]. | Donné par S. M. l'Empereur. |
| 1861 | YVON .......... | Bataille de Solferino (24 juin 1859 [Salon de 1861]. | Id. |
| 1861 | PILS............ | Bataille de l'Alma (20 septembre 1854) [Salon de 1861]. | Donné par le ministère d'Etat. |
| 1861 | ARMAND-DUMARESQ. | Episode de la bataille de Solferino (24 juin 1859) [Salon de 1861]. | Id. |
| 1861 | COURT......... | Portrait du maréchal Soult, duc de Dalmatie (Salon de 1861). | Id. |
| 1861 | COUVERCHEL.... | Combat de Kanghil, Crimée (29 septembre 1855). [Salon de 1859.] | Donné par le ministre d'Etat. |
| 1861 | ID. .... | Bataille de Magenta (4 juin 1859) [Salon de 1861.] | Id. |
| 1861 | GINAIN......... | La Rentrée à Paris des troupes de l'armée d'Italie [14 août 1859] (Salon de 1861.) | Id. |
| 1861 | RIGO (Jules).... | Bataille de Magenta (combat de Marcallo), 4 juin 1859. (Salon de 1861.) | Id. |
| 1861 | TISSIER (Ange).. | Le Prince Président rendant la liberté à Abd-el-Kader, à Amboise (1852). (Salon de 1861.) | Id. |
| 1862 | RIGO (Jules).... | Portrait en pied de l'amiral Romain Desfossés. | Id. |
| 1862 | ARY SCHEFFER (1832). | Portrait en buste du lieutenant général Baudrand. | Legué par Mme Ve Marlhiou, née de Lauzun. |

| ANNÉES. | NOM du maître. | DÉSIGNATION DU SUJET. | PRIX. |
|---|---|---|---|
| 1862 | Legrip (Fréderic) | Portrait en pied du maréchal Suchet, duc d'Albuféra. | Donné par la famille. |
| 1862 | Ravergie...... | Portrait en buste du maréchal d'Ornano, comte de Montlor † 1626. | Donné par le ministère d'Etat. |
| 1863 | Mlle Perigot, d'après un portrait de famille. | Portrait en pied du général de division Duhesme, tué en 1815 à Waterloo. | Donné par S. M. l'Empereur. |
| 1863 | Ingres.......... | Jeanne d'Arc au sacre de Charles VII dans la cathédrale de Reims. | Donné par le ministère d'Etat. |
| 1863 | Larivière...... | Portrait en pied de S. Exc. le maréchal Regnauld de Saint-Jean-d'Angely. (Salon de 1861). | Id. |
| 1863 | Jumel de Noireterre. | Bataille de l'Alma (1854). [Salon de 1863.] | Id. |
| 1863 | Yvon.......... | Magenta (4 juin 1859). [Salon de 1863.] | Id. |
| 1863 | Beaucé......... | Portrait en pied de S. Exc. le maréchal comte d'Ornano. (Salon de 1863.) | Id. |

## LUXEMBOURG.

| | | | |
|---|---|---|---|
| 1851 | Barrias (Félix).. | Les Exilés de Tibère. (Salon de 1850.) | Donné par le ministère de l'intérieur. |
| 1851 | Couture....... | Les Romains de la décadence. (Salon de 1847.) | Id. |
| 1851 | Hebert......... | La Malaria. (Salon de 1850.)... | Id. |
| 1851 | Isabey (Eugène).. | Embarquement de Ruyter et William de Witt. (Salon de 1850.) | Id |

| ANNÉES. | NOM du maître. | DÉSIGNATION DU SUJET. | PRIX. |
|---|---|---|---|
| 1851 | LAMBINET (Emile). | Plaine de Satory, près Versailles. (Salon de 1849.) | Id. |
| 1851 | MULLER........ | Appel des dernières victimes de la Terreur (1794). [Salon de 1850.] | Id. |
| 1851 | ROBERT FLEURY. | Jane Shore. (Salon de 1850.)... | Id. |
| 1851 | SAINT-JEAN.... | Notre-Dame-des-Roses. Tableau de fleurs. | Id. |
| 1852 | VERNET (Horace). | Siége de Rome. (Salon de 1852.) | Id. |
| 1852 | FLANDRIN (J.-P.). | Montagnes de la Sabine......... | Acquis au Salon de 1852 |
| 1852 | COIGNARD...... | Le Repos du matin............ | Id. |
| 1852 | CABAT.......... | Un soir d'automne............ | Id. |
| 1852 | P. HUET........ | Intérieur de forêt............. | Id. |
| 1853 | MONTESSUY..... | La Madone des Grâces à la Cervara (Etats-Romains). [Salon de 1853.] | Acquis pour 2.000 fr. et donné par S. M. l'Empereur. |
| 1854 | PLACE.......... | Marine, falaise de Douvres. (Salon de 1849.) | Donné par l'auteur. |
| 1857 | FLANDRIN (Hippolyte). | Etude de jeune homme. (Salon de 1855.) | Acquis pour 3,000 fr. |
| 1859 | DE CURZON..... | Psyché. (Salon de 1859.)....... | 5,000 fr. Donné par S. M. l'Empereur. |
| 1859 | DESGOFFE...... | Vase d'améthyste (XVIe siècle). [Salon de 1859.] | 1,000 fr. Donné par S. M. l'Empereur. |
| 1859 | HEBERT........ | Les Cervarolles (Etats-Romains). [Salon de 1859.] | 15,000 fr. Donné par S. M. l'Empereur. |
| 1859 | LANDELLE...... | Le Pressentiment de la Vierge. (Salon de 1859.) | 6,000 fr. Donné par S. M. l'Empereur. |
| 1859 | VETTER......... | Le Départ pour la promenade. (Salon de 1859.) | 4,000 fr. Donné par S. M. l'Empereur. |
| 1860 | SAINT-JEAN..... | Les Fleurs dans les ruines. (Salon de 1855.) | Donnés par le ministère d'Etat. |
| 1860 | Id. ..... | La Récolte.................. | |

| ANNÉES. | NOM du maître. | DÉSIGNATION DU SUJET. | PRIX. |
|---|---|---|---|
| 1862 | Mme Hersent... (1816.) | Portrait de Mme de Fumel, supérieure générale des Dames de l'institution du Saint-Enfant-Jésus. (Salon de 1819.) | Légué par l'auteur. |
| 1862 | Breton (Jules).. | Le Rappel des glaneuses (Artois). [Salon de 1859.] | Donné par S. M. l'Empereur. |
| 1862 | Mme Desnos.... | Portrait à mi corps de Mme Hersent. † 1862. | Donné par Mme d'Aniay, nièce de Mme Hersent. |

# DESSINS

## DONS. — ACQUISITIONS.

### 1850 — 1863.

| ANNÉES. | NOM du maître. | DÉSIGNATION DU SUJET. | NATURE du dessin. | NOM du donateur. |
|---|---|---|---|---|
| 1850, 1er fév. | Mme DE MIRBEL. | Cinq portraits (Gérard, M. Ingres).... | Miniatures. | Donné par M. Gédéon Rue, frère de Mme de Mirbel. |
| » | INCONNU (16e siècle). | Portrait de François Ier...... | Dessin. | Cédés par M. Niel, 600 fr. |
| » | ECOLE FRANÇAISE (16e siècle). | Quatre portraits........... | Id. | |
| » | Id. | Portrait du marquis d'Arquien. | Id. | |
| » | DUMONSTIER (Daniel). | Trois portraits............ | Id. | |
| » | LAGNEAU....... | Portrait d'un magistrat...... | Id. | |
| Avril. | GRANET (François). | Deux cents dessins représentant des vues d'Italie et de France, des compositions. | Aquarelles, dessins lavés et à la plume. | Legs de M. Granet (François). |
| » | JANET (François-Clouet. | Portrait de Catherine de Médicis. | Miniature sur vélin. | Acquis de M. Couveby, 250 fr. |
| » | DUMONSTIER (attribué à Pierre). | Deux portraits d'homme..... | Dessins. | Acquis de M. Niel, 300 fr. |
| » | DUMONSTIER (Daniel). | Portrait de M. de Longueville. | Id. | |
| 12 août. | ANDRÉ DEL SARTO. | Huit dessins divers......... | Sanguine. | Vente du roi des Pays-Bas, 1,586 fr. 60 c. |
| » | FRA BARTOLOMEO. | Sainte Famille.............. | Crayon noir. | Id. 487 fr. 65 c |

DONS. — ACQUISITIONS (Suite).

| ANNÉES. | NOM du maître. | DÉSIGNATION DU SUJET. | NATURE du dessin. | NOM du donateur. |
|---|---|---|---|---|
| » | Id. | Sainte Famille............. | A la plume. | Id. 680 fr. 45 c. |
| » | MICHEL-ANGE. . | Etudes pour la statue de David. | Id. | Id. 408 fr. 30 c. |
| » | Id. | La Vierge de la chapelle Saint-Laurent. | Id. | Id. 1,417 fr. 65 c. |
| » | Id. | Etudes pour un Christ mort. | Pierre noire. | Id. 1,156 fr. 80 c. |
| » | LÉONARD DE VINCI. | Etudes diverses............ | A la plume. | Id. 533 fr. » c. |
| » | RAPHAEL (attribué à). | Arabesques, Tête de lion... | Id. | Id. 680 fr. 45 c. |
| » | RAPHAEL...... | Le Passage de la mer Rouge. | Lavé. | Id. 907 fr. 30 c. |
| » | Id. | Etude pour la Vierge au palmier. | Mine d'argent. | Id. 1,567 fr. 25 c. |
| » | Id. | Etudes pour la dispute du Saint-Sacrement. | Id. | Id. 952 fr. 65 c. |
| » | Id. | L'Annonciation (carton piqué) | Plume, lavé. | Id. 2,438 fr. 35 c. |
| » | Id. | Le Christ mort............ | A la plume. | Id. 15,650 fr. 90 c. |
| 1851. Janvier. | POTTER (Paul)... | Croquis.................... | Pierre noire. | Vente Van Os, 88 fr. 20 c. |
| » | PRUDHON (P.-P.). | Le Triomphe de Vénus .... | Crayons noir et blanc. | Cédé par M. His de Lassalle, 1,550 f. (1) |
| » | GIRODET TRIOSON. | Deux Etudes, l'une pour la Mort de Phèdre, l'autre pour la Révolte du Caire.. | Crayon noir, crayon de couleur. | |
| » | GROS (attribué à). | Apollon sur son char........ | Crayon noir. | |
| » | GÉRICAULT (Théodore). | La Course des Barberi...... | A la plume. | |
| » | Id. | Centaure enlevant une femme. | Id. | |

(1) M. His de Lassalle, dans l'intérêt du Musée, et pour compléter la salle d'exposition des maîtres français, a bien voulu distraire de sa superbe collection quelques dessins précieux du 19e siècle. Cette cession a été faite au prix coûtant, c'est-à-dire à un prix bien inférieur à la valeur réelle.

DONS. — ACQUISITIONS (Suite).

| ANNÉES. | NOM du maître. | DÉSIGNATION DU SUJET. | NATURE du dessin. | NOM du donateur. |
|---|---|---|---|---|
| 1851. | Id. | Centaure enlevant une nymphe | Id. | Id. |
| » | Id. | Deux dessins. Lion, Chevaux de halage. | Mine de plomb. | |
| Avril. | GÉRARD (François). | Vingt dessins. Etudes esquisses. | Crayon noir. | Donné par M. H. Gérard. |
| Mai. | PRUDHON (P.-P.) | L'Ange de la Vengeance divine. | Fusain. | Cédé par M. David d'Angers, 3,500 fr. |
| Août. | JANET (François-Clouet). | Portrait de vieillard........ | Pierre noire et sanguine. | 100 fr. |
| Déc. | GROS (Antoine).. | Etude pour la bataille de Nazareth. | Pierre noire. | Cédé par M. de Bay fils, 400 fr. |
| » | AUBRY (Louis-François). | Portrait de l'auteur......... | Miniature | Donné par Mme ve Aubry. |
| 1852. Janvier. | MEMLING (Hans). | Tête de vieillard.......... | Détrempe | Vendu par M. Mayor, 1,250 fr. |
| » | HALL.......... | Portrait du prince de Conti. | Miniature | Cédés par M. Carrier, 700 fr. |
| » | FRAGONARD (Honoré). | Portrait de jeune femme.... | Id. | |
| » | DURER (Albrecht) | Etude de draperie......... | Pinceau. | Vente Sylvestre, 517 fr. 10 c. |
| » | LUINI (Bernardino). | Enfant jouant avec un mouton. | A la plume. | |
| » | ECOLES D'ITALIE, fin du 15e siècle. | Evêque.................. | Lavé. | |
| » | LE SUEUR (Eustache). | Darius faisant ouvrir le tombeau de Nitocris. | Mine de plomb. | |
| » | CLAUDE GELLÉE (attribué à). | Etude d'arbres.. .......... | Lavé. | |
| » | PORTAIL (Jacques-André). | Dames jouant aux cartes.... | Sanguine. | |

DONS. — ACQUISITIONS (Suite).

| ANNÉES. | NOM du maître. | DÉSIGNATION DU SUJET. | NATURE du dessin. | NOM du donateur. |
|---|---|---|---|---|
| » | LÉONARD DE VINCI. | Etude de draperie pour une figure de Vierge. | Pierre noire et lavis. | Vendu par M. Woodburn, 750 fr. |
| Février | RUBENS (P.-P.), d'après Léonard de Vinci. | La Bataille d'Anghiari. Soldats se disputant un étendard. | Pierre noire. | Acquis de M. le comte de Barck, 4,000 fr. |
| » | ECOLE FRANÇAISE (18e siècle). | Femme nue.............. | Crayon noir. | Donné par M. Schopin. |
| Mars. | DURER (Albrecht) | Tête de vieillard de face.... | Peinture à l'eau sur gaze | Acquis des héritiers de M. de Labenski, 1,000 fr. |
| » | RAPHAEL....... | La Bataille de Constantin.... | Plume, lavis. | Id., 6,000 fr. |
| Déc. | RUBENS (P.-P.).. | Portrait de Marie de Médicis. | Plusieurs crayons. | Cédé par le comte de Barck, 2,000 f. |
| » | MASQUELIER (Claude-L.) | La mise au tombeau d'après Raphaël. | Pierre noire. | Cédé par M. Masquelier fils, 3,000 f. |
| 1854. | ECOLES DIVERSES. Inconnus. | Vingt-sept miniatures sur vélin, provenant de livres d'heures (15e et 16e siècles). | » | Donné par M. le comte Horace de Viel-Castel. |
| » | ECOLE FRANÇAISE (18e siècle). | Deux portraits et une composition. | Miniatures. | Légué par le baron de Trémont. |
| Juillet. | PERCIER (Charles). | Porte de bronze de la salle des Caryatides. | Lavis. | Légué par M. Achille Leclerc, de l'Institut. |
| » | Id. | Monument consacré aux arts. | Id. | |
| Sept. | NANTEUIL (Robert.) | Tête d'homme............ | Crayons. | Donné par M. Gosse. |
| » | AUGUSTIN...... | Portrait de femme......... | Miniature | Légué par Mme ve Laporte. |
| » | ARLAUD (Jacques-Antoine). | Portrait de jeune seigneur (17e siècle). | Id. | Donné par le comte Horace de Viel-Castel. |
| Déc. | DELACAZETTE (Sophie-C.) | Portrait de femme.......... | Id. | Donné par M. Ch. Desains. |

## DONS. — ACQUISITIONS (Suite).

| ANNÉES. | NOM du maître. | DÉSIGNATION DU SUJET. | NATURE du dessin. | NOM du donateur. |
| --- | --- | --- | --- | --- |
| » | NANTEUIL (Robert). | Portrait de Dominique de Ligny. | Pastel. | Acquis de M. Evans, 150 fr. |
| 1855. Nov. | AUGUSTIN | Son portrait, | Email. | Acquis de M. Franck 600 fr. |
| 1856. Mars. | DAVID (Louis) | Les Sabines | Lavis. | Donné par M. Ingres |
| » | NICOLO DEL ABBATE. | Le Jugement de Pâris | Plume. | |
| » | ANDREA DEL VERROCCHIO. | Etudes diverses. Trois dessins. | Plume. | Vendu par M. Mayor 600 fr. |
| » | DUMONSTIER (Daniel). | Tête d'homme | Pastel. | |
| » | INGRES (D.-A.) | Portrait de M. Martin | Mine de plomb. | Légué par M. Martin. |
| » | FRA BARTOLOMEO. | Sainte Famille | Plume. | Donné par M. F. Reiset. |
| » | COUSIN (Jean) | Deux dessins. Etudes diverses. | Id. | |
| » | LÉONARD DE VINCI. | Volume contenant 378 dessins, dont 200 environ de Léonard de Vinci, études d'après la figure humaine, les animaux, les plantes; machines, médailles, etc. | Plume, pierre noire, mine d'argent, etc. | Acquis de Mme Vallardi, de Milan, 35,000 fr. |
| » | DUBOIS (J.-E. Francklin). | La Fornarine, d'après Raphaël. | Pierre noire. | Donné par l'auteur. |
| » | BOUCHER (François). | Deux dessins représentant des Amours. | Crayons noir et blanc. | |
| » | DESPORTES (François). | Portrait de Desportes | Sanguine. | Vendu par M. Mayor, 400 fr. |
| » | PATER (Jean-Baptiste). | Jeune femme assise | Id. | |
| Avril. 1851. | ECOLE FRANÇAISE (14e siècle). | Scènes de la Passion. Figures du roi Charles V et de sa femme agenouillées. | Sur soie | Cédé par M. J. Boilly, 1,500 fr |

DONS. — ACQUISITIONS (Suite).

| ANNÉES. | NOM du maître. | DÉSIGNATION DU SUJET. | NATURE du dessin. | NOM du donateur. |
|---|---|---|---|---|
| » | HOLBEIN (Hans). | Deux dessins. Etudes de mains. | Mine d'argent. | Vente Wisscher, de Bâle, 316 fr. 5 c. |
| Juillet. | PRADIER (James). | Douze dessins. Etudes et croquis. | Mine de plomb. | Donné par les héritiers de M. Pradier. |
| Déc. 1852. | BERRUGUETTE (attribué à Alph.). | Deux dessins. Etudes d'ornements | Plume, lavis. | Acquis à la vente faite par la succession du roi Louis-Philippe, et provenant de la collection Standish, 586 fr. 95 c. |
| » | CANO (Alonzo).. | Sept dessins. Figures, architecture. | Plume. | |
| » | MURILLO (Esteban). | Onze dessins. Compositions, études. | Plume, lavis. | |
| » | BOCANEGRA (Pedro). | Anges volant............... | Id. | |
| » | VALDEZ (don Lucas de). | Six dessins, compositions, études. | Id. | |
| » | VELASQUEZ (don Diego). | Deux dessins. Portraits...... | Plume. | |
| » | ZURBARAN (attribué à). | Tête d'homme............ | Sanguine. | |
| » | INCONNU (Ecole espagnole). | Un dessin. Etude de Christ. | A la plume. | |
| 1853. Mars. | M^me HERBELIN. | Portrait de femme.......... | Miniature | Don de l'auteur. |
| Avril. | WEYLER (Jean-Baptiste). | Portrait du comte d'Angiviller. | Email. | Vendu par M. Franck 3,000 fr. |
| Juillet. | MASSARD (Léopold). | La prise de la Smala, d'après H. Vernet. | Mine de plomb. | Salon de 1852, 1,500 fr. |
| » | BÉNOUVILLE (Léon). | Les Chrétiens dans le Cirque. | Pierre noire, lavé | Salon de 1852. |
| » | PÉRIN (Lié-Louis) | Neuf portraits et une composition. | Miniatures. | Donné par M. A. Périn, fils de l'auteur. |

DONS. — ACQUISITIONS (Suite).

| ANNÉES. | NOM du maître. | DÉSIGNATION DU SUJET. | NATURE du dessin. | NOM du donateur. |
|---|---|---|---|---|
| Déc. | Heim (F.-J.).... | Quatre-vingt-cinq portraits de membres de l'Institut et de peintres contemporains. | Id. | Acquis de l'auteur. |
| 1857. | David (Maxime). | Trois portraits d'Abd-el-Kader. | Miniatures. | Acquis de l'auteur, 4,000 fr. |
| » | Bida (Alexandre). | Réfectoire de moines grecs.. | Crayon noir. | Salon de 1857, 3,000 fr. |
| » | Lassus (J.-B. Antoine). | Trois études.............. | Mine de plomb. | Donné par Mme Lassus. |
| » | Ecole d'Italie (14e siècle). | Page de manuscrit.......... | Vélin. | Donné par M. Stenheil, peintre. |
| 1858. Mars. | Pinturicchio (Bern). | Homme à cheval............ | Plume, lavé. | Vente Mouriau, 525 fr. |
| » | Watteau (Antoine). | Quatre feuilles de croquis divers. | Crayons. | Ventes Devéria et d'Imécourt, 1,482 f. 60 c. |
| Mai. | Vidal (Vincent). | Trois pastels : L'Ange déchu, une Larme, Polymnie. | » | Salon de 1849. |
| » | Heim (F.-J.).... | Portrait de M. Auber, compositeur. | Pierre noire. | Donné par l'auteur. |
| Juin. | Signorelli (Luca). | Homme portant un cadavre.. | Aquarelle | Donné par M. Morris Moore. |
| 1859. Mars. | Guérin (P.-Narcisse). | Douze compositions et études. | Pierre noire. | Don de M. Monvoisin. |
| » | Langendyk (J.-Antony), | Arrivée de Louis Napoléon, roi de Hollande, à Amsterdam. | Aquarelle | Donné par M. Fodor. |
| » | Backuisen (Ludolph). | Marine.................. | Lavé. | Acquis de M. Gruyter, d'Amsterdam, 1,600 fr. |
| » | Van de Velde (Willem). | Marine.................. | Pinceau. | (idem) |
| » | Boucher (François). | Etude de jeune homme...... | Sanguine. | Vente publique, 180 fr. |

DONS. — ACQUISITIONS (Suite).

| ANNÉES. | NOM du maître. | DÉSIGNATION DU SUJET. | NATURE du dessin. | NOM du donateur. |
|---|---|---|---|---|
| Déc. | ÉCOLE FRANÇAISE (17e siècle). | Portrait de Colbert......... | Miniature | 500 fr. |
| » | BOURDON (Sébastien) | Triomphe de David........ | Plume | Don de M. E. Galichon. |
| 1860. Janvier. | AUBRY LECOMTE | Trois portraits et études..... | Crayon noir. | Don de Mme Ve Aubry Lecomte. |
| Mars, | TURPIN DE CRISSÉ (le comte). | Cent quarante-cinq dessins, paysages et vues de monuments. | Plume, crayon. | Legs du comte Turpin de Crissé. |
| Août. | GIRODET TRIOSON. | Portraits de Canova......... | Pierre noire. | Legs de M. Delorme, peintre. |
| » | POUSSIN (Nicolas). | L'Assomption ............ | Pierre noire et plume. | Id. |
| Nov. | ROBERT (Hubert). | Les bains d'Apollon, à Versailles. | Aquarelle | Vente publique, 19 f. 80 c. |
| Déc. | LÉONARD DE VINCI. | Portrait de femme, carton piqué. | Pierre noire. | Vente Vallardi, 4,410 fr. |
| 1861. Février. | APPIANI (Andrea). | Six cartons pour la décoration du palais de la villa reale de Milan. | Id. | Acquis par l'Empereur, 20,000 fr. |
| » | COCHIN (Ch.-N.). | Salle de spectacle de Versailles. | Aquarelle | Acquis de M. Fouque, 150 fr. |
| » | DUMARESQ (Armand). | Cinquante-cinq costumes de la garde impériale. | Lavis. | Donné par S. Exc. le ministre de la guerre pour le musée de Versailles. |
| Avril. | HALL (Pierre-Adolphe). | Portrait de femme.......... | Miniature | Legs de M. Th. Dablin. |
| » | AUGUSTIN (Jean-Baptiste). | Portrait de l'auteur......... | Id. | Id. |
| 1862. Février. | DUMARESQ (Armand). | Cinquante-six costumes de la troupe de ligne. | Lavis. | Donné par S. Exc. le ministre de la guerre pour le musée de Versailles. |

DONS. — ACQUISITIONS (Suite).

| ANNÉES. | NOM du maître | DÉSIGNATION DU SUJET. | NATURE du dessin. | NOM du donateur. |
|---|---|---|---|---|
| Avril. | LAURENT ....... | Portrait de M. Barclay...... | Miniature | Don de M. Ferdinand de Lasteyrie, de l'Institut. |
| Mai. | DELÉCLUZE (E.-J.) | Trois épisodes des campagnes de 1814 et 1815. | Aquarelle | Don de M. Delécluze (E.-J.) |
| 1863. Janvier. | LE SUEUR (Eustache). | La Présentation de Notre-Seigneur au Temple. | Crayon noir. | Don de M. F. Reiset. |
| » | ECOLE FRANÇAISE (17e siècle). | Persée tranchant la tête de Méduse. | Miniature | Legs de Mlle Morand. |
| 1860. Août. | JOHANNOT (Tony). | Quatre dessins.......... ..... | Pierre noire. | |

# CHALCOGRAPHIE

## 1850 — 1863

## DONS.

| ANNÉES. | NOM du maître. | DÉSIGNATION DU SUJET. | NOM du graveur. | NOM du donateur. |
|---|---|---|---|---|
| 1852 | RAPHAEL....... | Vierge au palmier (fac-simile). | Bein........ | Ministère de l'intérieur. |
| 1853 | Id. | Esquisses de Madones (fac-simile). | Dien........ | Id. |
| 1853 | Id. | Mise au tombeau (fac-simile). | Alph. Leroy. | Id. |
| 1853 | PRUDHON ...... | Triomphe de Vénus (lithographie.) | Aubry Lecomte. | Id. |
| 1853 | RAPHAEL....... | Esquisses diverses (fac-simile). | Bein........ | Id. |
| 1853 | Id. | L'Annonciation (fac-simile)... | Rosotte..... | Id. |
| 1856 | JULES ROMAIN.. | Pêcheurs tirant leurs filets (lithographie). | Michelet.... | Minist. d'Etat |
| 1856 | SALVATOR ROSA. | Vieillard tenant un tamis (lithographie). | Geoffroy.... | Id. |
| 1855 | DANIEL RAMÉE et LASSUS. | Monographies des cathédrales de Noyon (23 planches) et de Chartres (31 planches). | Ramée, Lassus, Gaucherel, Vacquez, Guillaumot. | Ministère de l'instruction publique. |
| 1855 | BALTARD. ..... | Paris et ses monuments (Louvre, 74 planches; — Saint-Cloud, 13 planches; — Fontainebleau, 22 planches.; — Ecouen, 17 planches), dessiné par Baltard et gravé sous sa direction. | Baltard, Voyez, Lavallée, etc. | Hôtel-de-Ville |

DONS (Suite).

| ANNÉES. | NOM du maître. | DÉSIGNATION DU SUJET. | NOM du graveur. | NOM du donateur. |
|---|---|---|---|---|
| 1855 | ALBERT LENOIR. | Statistique monumentale de Paris. | Ollivier, Guillaumot, Penel, etc., etc. | Ministère de l'instruction publique. |
| 1858 | Id. | Suite de l'ouvrage précédent. | » | Id. |
| 1860 | TURPIN DE CRISSÉ............ | Souvenirs du Golfe de Naples. | Caplin, Ransonette, Lemaître, Fortier, Aubert, etc. | Comte Turpin de Crissé |
| 1861 | CLOQUET. ...... | Tombeau de Soufflot......... | Cloquet..... | Dr Cloquet.. |

## ACQUISITIONS.

| ANNÉES. | NOM du maître. | DÉSIGNATION DU SUJET. | NOM du graveur. | NOM du vendeur. | PRIX. |
|---|---|---|---|---|---|
| 1852 | MOREAU........ | Vue de la place Louis XV. | Taraval .. | Thomas... | 80 |
| 1851 | VAN DYCK...... | 222 portraits, dont 12 de Van-Dyck lui-même et 210 de divers graveurs : Paul Pontius, Bolswert, Woosterman, Hondius de Jode, Clouet, Hollar, Neefs, d'après Van-Dyck. | » | Van Marck | 2,500 |
| 1853 | PRUDHON....... | Pâris et Hélène (lithographie)................ | Soulange-Teissier. | Soulange-Teissier.. | 3,000 |
| 1853 | ALIGNY. ....... | Vues de Grèce.... ...... | Aligny.... | Aligny.... | 10,000 |
| 1854 | LORENZO DI CREDI. | Tête de jeune homme (fac-simile). | Butavand.. | » | » |

ACQUISITIONS (Suite).

| ANNÉES. | NOMS du maître. | DÉSIGNATION DU SUJET. | NOM du graveur. | NOM du vendeur. | PRIX. |
|---|---|---|---|---|---|
| 1854 | ANDRE DEL SARTO. | Etude de jeune homme (fac-simile). | Desperet.. | » | » |
| 1854 | COCHIN..... ... | Le Jeu du Roi........... | Cochin... | Hautecœur | 42 |
| 1856 | LARGILLIÈRE. .. | Huet, évêque d'Avranches. | G. Edelinck | Audouir .. | 50 |
| 1856 | PAUL VÉRONÈSE. | Jupiter foudroyant les Titans. | J. Maccham | Mithouard. | 65 |
| 1856 | GÉRARD.. .. .... | Napoléon Ier, Empereur... | Desnoyers. | Gihaut.... | 1,000 |
| 1856 | GROS.......... | Bonaparte au pont d'Arcole. | Longhi.... | | |
| 1857 | » | Œuvre du baron Desnoyers, conprenant les Vierges de Raphaël et des compositions de Léonard de Vinci, Corrége, Poussin, Guérin, Gérard, etc., etc. (15 planches). | Baron Desnoyers. | Marquis de Maleville. | 20,000 |
| 1857 | RUBENS........ | Fête flamande............ | Masson... | Masson... | 3,000 |
| 1858 | Id. | La Femme de Rubens.... | Chaplin... | Houssaye.. | 500 |
| 1858 | REMBRANDT.... | La Famille du Menuisier.. | Veyrassat. | Id. | |
| 1859 | RUBENS........ | Portrait de Marie de Médicis (fac-simile). | P. Chenay. | P. Chenay. | 600 |
| 1860 | WILLMANN..... | Vue de Paris en 1860.... | Willmann. | Willmann. | 15,000 |
| 1860 | LESUEUR....... | Marthe et Marie......... | Calamatta. | Calamatta. | 15,000 |
| 1860 | » | 30 planches de fac-simile d'après les dessins du Louvre et de divers amateurs. | Alph. Leroy | Alph. Leroy | 12,000 |
| 1863 | RAPHAEL....... | Les Sibylles. | Dien...... | Dien...... | 1,000 |

## COMMANDES.

| ANNÉES. | NOM du maître. | DÉSIGNATION DU SUJET. | NOM du graveur. | PRIX. | OBSERVATIONS. |
|---|---|---|---|---|---|
| 1859 | RUYSDAEL...... | Le Buisson............... | Daubigny... | 3,000 | Planche livrée. |
| 1858 | HOBBEMA...... | Intérieur de forêt........ | Blery....... | 3,000 | Id. |
| 1858 | RAPHAEL....... | Tête du Père Eternel (fac-simile). | Chenay..... | » | Id. |
| 1858 | TERBURG....... | Le galant militaire.. .... | J. François.. | 20,000 | Id. |
| 1853 | CORRÉGE ...... | Sommeil d'Antiope....... | Lefèvre..... | 20,000 | Id. |
| 1860 | RAPHAEL....... | Sainte Catherine (fac-simile). | Dien........ | » | Id. |
| 1860 | RUYSDAEL... .. | Le Coup de soleil......... | Daubigny... | 3,000 | Id. |
| 1860 | LUINI.......... | Salomé recevant la tête de saint Jean. | Bertinot. ... | 16,000 | Id. |
| 1861 | POUSSIN........ | Les aveugles de Jéricho... | Garnier..... | 10,000 | Id. |
| » | FRA ANGELICO.. | Couronnement de la Vierge. | Alp. François | 30,000 | |
| » | ANDRE DEL SARTO. | La Charité................ | Salmon..... | 20,000 | Planche livrée. |
| » | PAUL VÉRONÈSE | Les Pèlerins d'Emmaüs. .. | Henriquel Dupont. | 40,000 | |
| » | MURILLO.... | La Naissance de la Vierge. | Martinet.... | 40,000 | |
| » | LESUEUR ....... | Vision de saint Benoît..... | Dien........ | 15,000 | |
| » | GIORGIONE..... | Concert................ | Pollet....... | 20,000 | |
| » | PÉRUGIN ...... | La Vierge...... ....... | Caron....... | 20,000 | |
| 1853 | VAN DER NEER. | Paysage.. ............. | Jacque...... | 3,000 | Planche livrée. |
| » | S. DEL PIOMBO. | La Visitation............. | Deswachez.. | 12,000 | |
| » | GIORGIONE..... | Sainte Famille........... | De Marc.... | 12,000 | |
| » | TITIEN ........ | Le Marquis du Guast..... | Thévenin... | 12,000 | |
| » | VAN DYCK...... | Portrait de Van Dyck...... | Bertinot. ... | 6,000 | |

COMMANDES (Suite).

| ANNÉES. | NOMS du maître. | DÉSIGNATION DU SUJET. | NOMS du graveur. | PRIX. | OBSERVATIONS. |
|---|---|---|---|---|---|
| 1853 | Van Dyck...... | Portrait d'Isabelle - Claire-Eugénie. | Levasseur... | 6,000 | |
| » | Francia........ | Portrait de jeune homme.. | Rousseau.... | 6,000 | |
| » | Raphael ....... | Portrait de jeune homme accoudé. | Weber...... | 6,000 | |
| » | Janet... ...... | Portrait d'Elisabeth d'Autriche. | Rosotte..... | 4,500 | |
| » | Watteau....... | Voyage à Cythère......... | Chaplin..... | 6,000 | |
| » | Boucher....... | Bain de Diane........... | Hédouin. ... | 4,000 | |
| 1860 | Rubens......... | Le Tournoi... .......... | Bracquemont | 4,000 | Planche livrée. |

# MUSÉE DE MARINE

## DONS.

**1850.** — Deux pierriers sur leurs affûts; **M. Destremont de Maucroix**, capitaine de frégate.

Modèle du vaisseau de 90 bouches à feu *l'Inflexible*; ministère de la marine.

Modèle du vaisseau de 80 bouches à feu *l'Alger*; ministère de la marine.

Modèle du brick de 20 bouches à feu *l'Alacrity*; ministère de la marine.

Modèle de la goëlette de 8 bouches à feu *la Toulonnaise*; ministère de la marine.

Modèle du vapeur à hélice *le Corse*; ministère des finances.

Coupe longitudinale en relief des vaisseaux de ligne américains *Delaware* et *North-Carolina*; ministère de la marine.

Coupe d'une frégate américaine de 44 bouches à feu; ministère de la marine.

Coupe de la corvette américaine *Albany*; ministère de la marine.

Coupe de la corvette américaine *Jamestown*; ministère de la marine.

Coupe d'un brick américain de 10 bouches à feu; ministère de la marine.

Modèle de bateau de sauvetage en fer; ministère de la marine.

Modèle en plâtre du *Dry-Dock*, de Brooklynn; ministère de la marine.

Échantillons de vingt-sept espèces de bois employés dans la construction des bâtiments américains; ministère de la marine.

Carabine d'abordage américaine; ministère de la marine.

Trois chevillots en fonte de fer et fer; ministère de la marine.

**1851.** — Pirogue de l'île Kodeak; ministère de la marine.

**1852.** — Nœud curieux formé des manœuvres du petit-perroquet de la canonnière *l'Eglantine*, pendant un coup de vent; **M. Blaizot**, capitaine de frégate.

Modèle de paracalme, par M. le lieutenant de vaisseau Morel; ministère de la marine.

**1853.** -- Deux épreuves galvanoplastiques de la médaille du bailli de Suffren; **M. le marquis de Clermont-Tonnerre.**

Lettre autographe de Lapérouse à M. Bosc d'Antic; **M. H. de Clercq.**

Plan en relief de l'île de la Réunion, exécuté par M. Maillard; ministère de la marine.

**1854.** — Modèle de galiote; **M. A. Wattemare.**

Modèle du radier de l'écluse des Formes de Cherbourg; ministère de la marine.

Pièce d'artillerie, dite canon-foudre;

Espingole destinée à la marine; **M. Lesire Fruger**

Modèle de mât de hune d'assemblage;

Modèle de guindeau à levier;

Modèle de stopper;

Modèle de ridage élastique;

Modèle de ridage à vis;

Modèle de ridage (chaîne à la Vaucanson);

Deux modèles de ridage à crémaillère;

Modèle de support de chaîne de hauban;

Modèle de cosse avec émerillon coupé;

Modèle de bâtiment à vapeur en bois plein. Tous ces objets ont été donnés par **M. Alphonse Baudin.**

**1855.** — Tronçon d'arbre portant l'inscription funéraire du Père Receveur, naturaliste de l'expédition de Lapérouse;

Paysage à l'aquarelle représentant le tombeau du Père Receveur, à Botany-Bay; **M. Mac Arthur**.

Monument en l'honneur du lieutenant Bellot (plaque en bronze); MM. les Anglais résidant en France.

Bateau-pont militaire de Thompson, avec plans (par l'entremise de M. A. Wattemare); les exposants américains de 1855.

Deux appareils de sauvetage en forme de siége; les exposants américains de 1855.

Cabine flottante de sauvetage; les exposants américains de 1855.

Modèle du steamer de rivière *America*; les exposants américains de 1855.

Mode d'embarcation à quille rentrante; les exposants américains de 1855.

Modèle de pilote boat de New York; **S. M. l'Empereur**.

Modèle de vaisseau russe provenant de Sébastopol;

Modèle de canon russe à chambre cylindro-conique;

Fragment de marbre brisé par des projectiles;

Grande enseigne de vaisseau russe; **M. le contre-amiral Rigault de Genouilly**.

**1857**. — Plan en relief des îles du Salut et de l'îlot la Mère (Cayenne); ministère de la marine.

**1858**. — Modèle de goëlette-yacht; **M. le vice-amiral Bergeret**.

Modèle de frégate; **M. le comte Redon**, ancien préfet maritime à Lorient.

**1859**. — Modèle de vaisseau de 74; **M. Moulon**, procureur impérial près le tribunal de première instance de Niort.

**1861**. — Modèle de l'arrière-bassin du port de Cherbourg (bassin Napoléon III); ministère de la marine.

**1862**. — Modèle de la trirème antique exécutée à Clichy par les ordres de S. M. l'Empereur; **S. M. l'Empereur**.

# MUSÉE ETHNOGRAPHIQUE

## DONS.

**1850.** — Masque de cérémonie; cariatide, ornement d'habitation (Nouvelle-Calédonie) ; ministère de l'intérieur.

Boîte de Cauris (Guinée); ministère du commerce.

Dessin sur soie, représentant une pagode; divers échantillons de papier; deux pièces de tissu de papier avec dessins (Chine); **M. le comte H. de Viel-Castel.**

Châle indien; petite veste bleue, veste rouge, trois bonnets brodés, deux ceintures; jeu indien du Nard, avec pions (Inde); **M. Garcin de Tassy.**

Paria indien en terre séchée (Inde) ; **M. le marquis de Clermont-Tonnerre.**

Poignard et couteaux (Inde) ; **le prince Jung Bahadûr.**

Figurine, trois groupes en albâtre, étoffe de soie, deux ceintures, une paire de jarretières; bourse de Cuzco (Pérou) ; une paire de mocassins (Canada); échantillon de papier (Népaul); **M. L. Angrand.**

Fétiche de nègres marrons (Cuba); tapis de Timboctou (Soudan); collier d'homme, collier de femme, ceinture, robe de coton, deux coiffures en plume, sac en filet, deux casse-tête, arc et douze flèches (Pérou) ; **M. L. Angrand.**

**1851.** — Modèle réduit de la pagode de Jagernât ; Société asiatique.

Costume américain riche; harnachement de cheval complet (Mexique) ; poupée de Signare (Sénégal); casse-tête ; grége à Manioc (Cayenne) ; **M. Victor Schœlcher.**

Bateau chinois; jongleur chinois; sculptures en bambou; **M. le comte H. de Viel-Castel.**

Disque de marbre veiné avec pied sculpté en bois (Chine); **M. le comte H. de Viel-Castel.**

**1852.** — Un narguilé en albâtre et argent; **M. Clot-Bey.**

**1853.** — Huit tableaux peints représentant des figures brésiliennes, par feu Debret; **M**[me] **veuve Debret.**

Hamac en chanvre; sac en roseau; deux sacs ou gibecières; ceinture en peau; ceinture en laine; corbeille à couvercle; vase à couvercle; petite calebasse gravée; corne à boire; deux arcs; lance en bambou; quatre bâtons ou cannes; treize flèches (Paraguay); ministère d'Etat et de la Maison de l'Empereur.

**1854.** — Poignard de montagnard; couteau; livre; trois pièces de costume (empire Birman); **M. Longueville-Clarke**, de l'armée du Bengale.

Tableau en soie découpée (Japon); **comte H. de Viel-Castel.**

Jatte du Para (Brésil); **M. de Saulcy.**

Vingt-quatre fétiches et amulettes diverses, vingt-un colliers divers, fer et coquilles; une épingle à cheveux, trois ceintures en cuir, soixante-quatre bracelets d'hommes, de femmes et d'enfants, en fer; quarante-quatre anneaux de jambes, deux brassards de mariée, huit bonnets divers, vingt pagnes divers d'hommes, de femmes et d'enfants, cinq paires de sandales diverses, quatre masses de verroterie, cent trente-six lances, cinquante-cinq flèches, douze casse-tête, deux massues, un bâton de chasseur, douze boucliers, quatorze armes de jet, deux armes d'honneur, huit haches, trois sabres, dix arcs, treize carquois, un poignard, cinq nattes, trois tabourets oreillers, sept gamelles, sept plats, onze cuillers, quatorze couvre-plats en paille tressée, une corne pour la bousa, deux filtres, deux coupes, deux gargoulettes, huit chasse-mouches, un éventail, un petit balai, un gratte-dos, onze paniers, un sac, une peau tannée, un couteau, une aiguille, une scie, un hameçon à crocodiles, quinze pipes, un bout de pipe, un couvre-pipe, trois supports de pipe, cinq pinces à feu pour la pipe, un signe de commandement, une entrave de pieds pour la bastonnade, une lanière en peau d'hippopotame, quatre petits boucliers de pugilat, treize tambours de divers calibres, une baguette de tambour, dix-huit instruments à vent de formes diverses, deux hautbois, quatre instruments à cordes, cinq clochettes de sons gradués, deux castagnettes en fer, vingt-neuf objets d'histoire naturelle.

Ensemble, six cent cinquante-un objets provenant du Soudan oriental et du Nil Blanc, donnés par **M. Delaporte**, consul général au Caire.

Dessin sur feuille de mûrier (Chine), donné par **M. le comte de Nieuwerkerke.**

Guitare d'Assinie (Afrique occidentale), donnée par **M. Laurin.**

Statue de Buddha en marbre blanc; statue de Buddha en bois doré (empire birman) ; données par le ministère d'Etat et de la Maison de l'Empereur.

**1855.** — Vingt-six pièces de bronze émaillé ancien et moderne, vases, brûle-parfums, etc. ; quatre-vingt-deux pièces de bronze ancien et moderne, vases, brûle-parfums, figurines, etc.; cent soixante-huit pièces de mobilier ancien et moderne, tables, armoires, lits, écrans, etc., en bois d'aigle et autres, ornés de laque noire et rouge, et de diverses matières; vingt-neuf tableaux sculptés en relief, en bois divers, laque, jade et autres matières; vingt-quatre plaques en bois d'aigle sculpté; cent quarante pièces de porcelaine, vases, bols, statuettes, services à thé et objets divers; cent dix-sept pièces de poterie, vases, figurines, théières, objets d'étagère, etc; vingt pièces diverses de jades variés; trente pièces de calcédoine, quartz, etc. ; tasses, figurines, etc.; neuf pièces d'ivoire, six pièces diverses de nacre, dix-sept pièces de corne et d'écaille, quarante-neuf pièces de bois sculpté, figurines, boîtes, etc.; soixante-quatorze pièces de laques variées, boîtes, coffrets, pitons, lanternes, etc.; trente-neuf pièces de curiosité de matières variées, un album et vingt-cinq rouleaux de dessins à l'aquarelle, dix-huit instruments de musique.

Ensemble, trois cent quatre-vingt-cinq objets acquis de M. de Montigny, consul à Shang-Haï, et donnés par le ministère d'Etat et de la Maison de l'Empereur.

Trois paquets d'échantillons de gaze, passementerie, rubans, etc. ; deux sabres, trois poignards, une hache d'armes, un arc en acier, cinq flèches, trois boucliers, six cuirasses en fer damasquiné, quatre brassards, un camail à mailles, une cartouchière, un ceinturon, un narguilé en argent, deux coupes en argent, un narguilé en métal, un récipient, un plateau, une coupe, une boîte à épices, une bouilloire en métal, quatre bouilloires en cuivre, deux plateaux, deux pots, trois bols et une boîte en métal.

Ensemble, cinquante-deux objets provenant de l'exposition de l'Inde britannique, donnés par **S. M. l'Empereur**.

Costume de jeune Mexicain de distinction.

Plan en relief de Detsima (Japon) et carte du Japon, exécutés à Nagasaki ; **M. Delpret**.

**1856**. — Neuf pièces d'étoffes de Madagascar ; **S. M. l'Empereur**.

Soixante-huit échantillons de l'industrie tunisienne, vêtements, ustensiles divers, poteries, recueillis par M. Dulouret dans sa mission en Afrique et donnés par le ministère du commerce.

**1857**. — Un arc et deux flèches (Brésil) ; **M. Vallet**.

**1858**. — Une lance des îles Marquises ; **M. Frissard**, lieutenant de vaisseau.

Dix statuettes mythologiques indiennes (Java) ; **M. Kervel**, agent consulaire à Soerabaya.

Une statue chinoise en cuivre doré, la déesse Kouan-yn, avec son encadrement en bois sculpté, et un tableau ancien, dessin à l'encre de Chine ; **M. le vice-amiral Rigault de Genouilly**.

**1859.** — Vingt pièces, armes chinoises; **M. le vice-amiral Rigault de Genouilly.**

**1860.** — Collier de dents humaines (île de Vanikoro); **docteur Cloquet.**

**1862.** — Objets et ustensiles provenant du Nil Blanc et rapportés par M. Lejean; trente-cinq pièces données par **S. M. l'Empereur.**

Tamtam chinois en bronze fondu et ciselé; donné par **S. M. l'Empereur.**

**1863.** — Vêtements mexicains en peau brodée et frappée; donnés par **M. Larrieu.**

---

N. B. Dans ce relevé sommaire, on n'a pas fait figurer les collections d'objets d'art qui composent le **Musée Napoléon III**, et qui augmentent d'une manière importante le nombre total des trésors d'art entrés au Louvre depuis le 1er janvier 1850.

Typographie E. PANCKOUCKE et Ce, quai Voltaire, 13.

www.ingramcontent.com/pod-product-compliance
Ingram Content Group UK Ltd.
Pitfield, Milton Keynes, MK11 3LW, UK
UKHW021058260726
13994UKWH00002B/579

9 782329 365947